La guía para el nuevo mundo

Por qué la garantía mutua es la clave para nuestra recuperación de la crisis global

Michael Laitman, PhD
&
Anatloy Ulianov, PhD

La guía para el nuevo mundo: Por qué la garantía mutua es la clave para nuestra recuperación de la crisis global

Derechos Reservados © 2012 por Michael Laitman

Publicado por ARI Publishers
www.ariresearch.org   info@ariresearch.org
1057 Steeles Avenue West, Suite 532, Toronto, ON, M2R 3X1, Canadá
2009 85th Street #51, Brooklyn, New York, 11214, USA

Impreso en Chile

Traductor: Gloria Cantú
Corrector: Silvana Pisari
Diseñador: Gill Zahavi
Editor ejecutivo: Tal Tzitayat
Publicación y post-producción: Uri Laitman

Primera edición: Julio 2014

Índice

Prólogo

El desasosiego que comenzó en el 2011 se propagó como un incendio forestal global, exigiendo igualdad, justicia social, distribución justa de los ingresos, y en algunos casos, democracia.

¿Por qué el 1% de la población mundial posee el 40% de la riqueza? ¿Por qué los sistemas educativos en todo el mundo generan niños desdichados e incultos? ¿Por qué hay hambre? ¿Por qué los costos de vida suben cuando hay suficiente producción para proporcionar alimentos básicos a todos con el superávit? ¿Por qué hay aún algunos países donde la dignidad humana y la justicia social son inexistentes? Y sobre todo, ¿cuándo y cómo se corregirán estas injusticias?

En el año 2011 estas preguntas conmovieron los corazones de cientos de millones en todo el mundo, y la gente se volcó a las calles. La necesidad de justicia social se ha convertido en una exigencia alrededor de la cual todos pueden unirse, sin importar raza, religión, sexo o color, porque todos anhelamos una sociedad en la que podamos sentirnos seguros, confiar en nuestros vecinos y nuestros amigos, y garantizar el futuro de nuestros hijos. En tal sociedad, todos se preocuparán por todos, y la garantía mutua -en la que todos son garantes del bienestar común - prosperará.

¿Pero cómo podemos alcanzar la garantía mutua? ¿Cómo podrán tener los ciudadanos confianza y seguridad, sabiendo que si mañana caen, habrá alguien que velará por ellos?

Para buscar las respuestas a estas complejas e importantes preguntas tomamos la decisión de escribir este libro. Sí, a pesar de todos los desafíos, creemos que ese cambio es posible y que podemos encontrar un camino para implementarlo. Y precisamente por eso, este libro que usted sostiene en sus manos es positivo, *optimista*.

Nosotros sabemos que tenemos una oportunidad única de alcanzar la transformación global de manera pacífica y agradable, y este libro trata de ayudarnos a allanar el camino que conduce hacia ese objetivo.

Estructura del Libro

El libro está dividido en dos partes e índices.

Parte 1:
El concepto de la garantía mutua.

Capítulo 1:
El nuevo mundo integral.

Capítulo 2:
Cómo se ajusta la naturaleza en el concepto de la garantía mutua.

Capítulo 3:
Implementación de los principios de la garantía mutua en la sociedad.

Capítulo 4:
Una nueva aproximación al concepto de justicia social.

Parte 2:
Construyendo una Nueva Sociedad: resumen y nuevas perspectivas sobre los principios presentados en la Parte 1.

Índices
con referencias sobre publicaciones en relación a la sociedad, la economía y la educación.

Parte 1

La revolución del corazón

Capítulo 1

Un nuevo mundo

«Todos estamos en un mismo barco, una economía
global. Nuestras fortunas suben y bajan juntas....
Tenemos una responsabilidad colectiva - originar un
mundo más estable y próspero, un mundo en el que
cada persona de cualquier país pueda alcanzar su pleno
potencial».[1]

Christine Lagarde, Gerente General del Fondo
Monetario Internacional (FMI)

La agitación mundial del 2011 cambió el mundo
irreversiblemente. Millones de personas tomaron las
calles en numerosos países en todos los continentes,
desde la Primavera Árabe hasta Ocupemos Wall Street.
Dondequiera que la "tormenta social" golpeara, las
demandas de justicia social e igualdad resonaban a través
de las masas (con las comprensibles variaciones entre
países y culturas). La gente comenzó a exigir soluciones
para sus problemas; querían un cambio. Con frecuencia, la
gente no podía formular sus demandas con palabras, pero
una profunda sensación de que estaba siendo maltratada
la impulsó a actuar, a salir a las calles y protestar, a veces

arriesgando sus vidas.

¿Por qué ocurrieron estas protestas? ¿Por qué en este momento en el tiempo? ¿Por qué con semejante sincronía, como si una alimentara a la otra? Para comprender cómo se desarrollan los acontecimientos en una era global, necesitamos considerar la situación de la humanidad desde un ángulo extenso más que considerar cada aspecto de la situación de la humanidad aisladamente.

«Los historiadores examinarán el pasado y dirán que ésta no fue una época ordinaria sino un momento decisivo: un período sin precedentes de cambio global, un tiempo en el que un capítulo finalizaba y otro comenzaba para las naciones; para los continentes; para todo el mundo».[2]

Gordon Brown, historiador, ex Primer
Ministro del Reino Unido (2008)

Desde el estallido de la crisis global en el año 2008, cada vez es más evidente que nos encontramos en un momento histórico. Los índices de divorcio aumentan constantemente, y mucha gente no tiene deseo alguno de casarse o tener una familia.[3] Se incrementa el abuso de las drogas,[4] y la violencia y el crimen continúan, a pesar de que la población penitenciaria en los Estados Unidos se ha más que duplicado en los últimos 15 años.[5] El sistema educativo está colapsado,[6] con instituciones que o bien ofrecen una enseñanza deficiente o una educación que está fuera del alcance económico de la mayoría de la población.[7] La inseguridad personal es tan alta que hoy en día hay más armas en las manos de los ciudadanos estadounidenses que ciudadanos,[8] y la tendencia va en aumento.[9] A partir de estos datos, no es sorprendente que "aproximadamente el

40% de la gente sufra de alguna enfermedad mental".[10]

Hasta el día de hoy, la humanidad fue avanzando gradualmente de generación en generación con la creencia de que sus hijos tendrían una vida mejor que la de ellos. Esto les dio energía y esperanza. Pero en la actualidad, el futuro no se presenta tan brillante.[11] Parece como si la humanidad hubiera perdido su camino. El principal indicador de nuestro desconcierto se relaciona con el futuro de la situación económica. Desde el año 2008 el mundo se encuentra dentro de una prolongada crisis económica. Peor aún, las perspectivas de encontrar una salida parecen sombrías. Nouriel Roubini, economista sobresaliente que pronosticó la crisis global, advirtió que podríamos encontrarnos frente a "Otra Gran Depresión. Las cosas están empeorando y la gran diferencia entre hoy y unos pocos años atrás, es que esta vez nos estamos quedando sin armas políticas".[12]

El magnate, empresario e inversionista, George Soros también afirma: "Estamos al borde de un colapso económico".[13] Y Sir Mervyn King, el actual Director del Banco de Inglaterra, concluye: "Esta es la crisis financiera más grave que hayamos visto, al menos desde 1930, si no es que la más severa".[14]

La continua declinación de la economía global es preocupante porque afecta algo más que nuestro dinero. La economía no es tan sólo una red neutral de la industria, el comercio y las actividades bancarias. Más que nada, refleja nuestras propias ambiciones y deseos, nuestras relaciones y el rumbo al que nos dirigimos. Por consiguiente, como detallaremos más adelante, una crisis de la economía apunta a un serio problema en la sociedad, es decir, en las relaciones humanas.

¿Qué es una crisis?

El diccionario Merriam-Webster define una crisis como, «El punto de inflexión para bien o para mal". También como, «El momento decisivo» y «Un tiempo inestable o crucial de los acontecimientos en los que es inminente un cambio decisivo» o «Una situación que ha alcanzado una fase crítica»

En griego, crisis, literalmente significa «decisión,» de kreinin, «decidir.»

La conexión entre las personas en todo el mundo ha crecido en gran medida durante las últimas décadas. La globalización ha creado un flujo de bienes, servicios, información y gente de un lugar a otro, "reduciendo" el mundo en una aldea global. Ian Goldin, director de las Escuela Oxford Martin en la Universidad de Oxford, y ex Vicepresidente del Banco Mundial declaró en una conferencia: "La globalización se está volviendo más compleja, y este cambio es cada vez más rápido. El futuro será más impredecible.... Lo que sucede en un lugar afecta muy rápidamente a todos los demás. Este es un riesgo sistémico".[15]

La globalización ha dejado en claro que todos estamos conectados y dependemos unos de otros como ruedas dentadas en una máquina. Un hecho que ocurre en un área del planeta puede provocar un efecto dominó que propague ondas en todo el mundo.

Las conexiones comerciales entre la industria automotriz de Estados Unidos y Japón son un ejemplo de que la interdependencia es el nombre del juego en un mundo globalizado. El devastador terremoto y consecuente tsunami que azotaron a Japón el 11 de marzo de 2011 comprometieron la cadena de producción de exportación de automóviles y repuestos de Japón a Estados Unidos. A pesar de haber afectado negativamente las líneas de producción de los fabricantes automotrices japoneses, otros fabricantes de autopartes en los Estados Unidos, obtuvieron una parte del mercado debido a los problemas del país del sol naciente.

El mercado financiero es quizás, el mejor ejemplo de interdependencia internacional. Los bonos de un gobierno adquiridos por otros gobiernos, ciertamente mantienen a las economías y a los países unidos por vínculos inquebrantables. El gobierno chino, por ejemplo, debe comprar bonos estadounidenses para que los norteamericanos puedan consumir bienes chinos, asegurando de este modo el rápido crecimiento de China y evitando el desempleo.

El editor de *Newsweek International*, Fareed Zakaria, con gran elocuencia describió este enredo en el artículo *Saquen las billeteras,* publicado por esa revista: *El mundo necesita que los norteamericanos gasten.* "Si los dioses económicos me ofrecieran responder a una pregunta sobre el destino de la economía global, les preguntaría, '¿cuándo comenzará a gastar nuevamente el consumidor norteamericano?'"[16]

En verdad, nos hemos convertido en una aldea global, completamente dependientes unos de otros para nuestro sustento.

Un ejemplo más de la interdependencia global fue la crisis del techo de endeudamiento de la deuda norteamericana en julio de 2011. Estados Unidos necesitaba fijar un nuevo límite a su deuda. Sin embargo, la lucha política entre republicanos y demócratas casi les hace perder el plazo para establecerlo. El mundo tuvo temor ante la perspectiva de que Estados Unidos dejara de comprar por haber excedido el techo de su endeudamiento. En consecuencia, los mercados de valores se desplomaron en todo el mundo.

A pesar de que nadie espera que Estados Unidos pague su colosal deuda, superior al 100% de su PIB[17] -y ha sobrepasado la marca de los 15 billones de dólares-,[18] todos esperaban ansiosamente que Estados Unidos solucionara sus discrepancias políticas para que el mundo pudiera seguir trabajando. Después de todo, si Estados Unidos dejara de pagar su deuda, decenas de millones de trabajadores alrededor del mundo perderían su trabajo en unos cuantos días.

El profesor Tim Jackson, administrador económico de la Comisión de Desarrollo Sostenido del gobierno del Reino Unido, dijo acerca de la Globalización: «Esta historia es sobre nosotros, la gente, a quienes nos persuaden a gastar dinero que no tenemos en cosas que no necesitamos, para crear impresiones efímeras en gente que no nos importa».[19]

La crisis de la Eurozona, en la que Alemania y Francia tienen que pagar los rescates y salvar los programas de los países PIIGE (Portugal, Irlanda, Italia, Grecia y España), es otro ejemplo de la interdependencia económica. Si bien parece injusto que los ciudadanos alemanes tengan que pagar los derroches del pasado de Grecia, también es cierto que los griegos gastaron gran parte de ese dinero en bienes alemanes, lo cual mantuvo a los trabajadores alemanes empleados y pagando sus impuestos. Por lo tanto, observamos una negociación mutua. Los griegos ayudan a Alemania a mantener su poder económico y a cambio

Alemania paga el rescate de los griegos cuando están en bancarrota. ¡La interdependencia en acción!

En el pasado, el mundo era un conglomerado de partes aisladas, pero como la red de conexiones globales se ha fortalecido, nos encontramos ahora en un mundo nuevo, volátil, impredecible. El renombrado sociólogo Anthony Giddens expresó este desconcierto sucinta pero acertadamente: "Para bien o para mal, se nos está empujando hacia un orden global que nadie comprende por completo, pero que hace sentir sus efectos sobre todos nosotros".[20]

Sin planearlo, hemos pasado de remar nuestro bote personal en el mar de la vida, a encontrarnos todos en un mismo barco, como lo destacó Christine Lagarde en su discurso antes citado. Y debido a que ahora estamos todos en el mismo barco, claramente dependemos unos de otros. Esto significa que a menos que no lleguemos a un acuerdo respecto al rumbo a seguir, no seremos capaces en absoluto de avanzar hacia esa dirección, como ha quedado demostrado por la desaceleración global. Imaginen lo que ocurriría si millares de individuos, al mismo tiempo decidieran seguir millares de caminos diferentes. El resultado obvio sería una parálisis total, que es el estado actual del mundo.

Para comprender mejor esa parálisis, pensemos en una pareja casada que sufre un fracaso matrimonial. Cuando la crisis llega a su punto álgido, los cónyuges están tan resentidos que no pueden tolerar la vida en común. Mientras aún viven en la misma casa, esperan ansiosamente el momento de separarse. En una situación tan tensa, las paredes parecen mantenerlos unidos, pero al mismo tiempo, su aversión los impulsa a separarse. Al igual que ese matrimonio, nos detestamos; pero a diferencia de la pareja, no podemos abandonarlo todo porque no tenemos otra Tierra que podamos habitar.

«Debido a que la interdependencia nos expone a todos los habitantes del mundo de una manera sin precedentes, manejar los riesgos globales es el gran desafío de la humanidad. Pensemos en el cambio climático; los riesgos de la energía nuclear...; las amenazas terroristas...; los efectos colaterales de la inestabilidad política; las repercusiones económicas de las crisis financieras; las epidemias...; y el pánico repentino alimentado por los medios, como la crisis de los pepinos en Europa. Todos estos fenómenos forman parte del lado oscuro del mundo globalizado: contaminación, contagio, inestabilidad, interconexión, turbulencia, la fragilidad compartida... La interdependencia es, de hecho, dependencia mutua - una exposición compartida a los peligros. Nada está completamente aislado, y los 'asuntos exteriores' ya no existen... Los problemas de otra gente son ahora nuestros problemas y ya no podemos mirarlos con indiferencia, o esperar obtener algún beneficio personal de ellos».

Javier Solana, ex Secretario General de la OTAN[21]

Para enfrentarnos a la nueva realidad, debemos considerar la naturaleza global y conectada del mundo que aparece ante nosotros. Y aquí la ciencia viene al rescate. Los sistemas conectados no son nada nuevo; toda la naturaleza consiste de tales sistemas. El cuerpo humano -una comparación que utilizaremos frecuentemente en este libro- es un gran ejemplo de un sistema interconectado. Todos los órganos en el cuerpo están vinculados y funcionan en sincronía y reciprocidad. Cada célula y órgano en el cuerpo "conoce" su papel y lo desempeña, beneficiando de esta forma a todo el organismo: el corazón bombea sangre a todo el cuerpo, los pulmones absorben oxígeno para todo el cuerpo, y el hígado procesa la sangre también para todo el cuerpo.

Al mismo tiempo, cada órgano de nuestro cuerpo actúa como un consumidor, pues recibe del cuerpo todo lo que necesita para su sustento. Y sin embargo, el propósito de la existencia de cada órgano no es egocéntrico, es decir, no está enfocado en su propio bienestar, sino que está orientado al organismo entero, esto es, en beneficiar a *todo* el organismo.

Todos los órganos existen como partes de un conjunto y todos forman una unidad única y completa. Fuera del contexto de esa unidad, no seríamos capaces de comprender la función o propósito de cada órgano. Los nutrientes que cada órgano recibe del cuerpo le permiten funcionar y realizar el propósito de su existencia, su único rol con respecto al resto del organismo, y alcanzar todo su potencial "compartiendo" su producto con todo el organismo. Esta es la primera condición de la vida en una comunidad.

Cuando uno de los sistemas en el organismo no desempeña su función, el organismo se deteriora para llegar a un estado que llamamos "enfermedad". Si este estado se prolonga o se agrava, puede conducir al colapso de todo el sistema y a la muerte del organismo.

La globalidad de la sociedad y los cambios que han ocurrido en el mundo durante las últimas décadas indican que la humanidad se ha convertido en un sistema integrado, interconectado, como el resto de los sistemas en la naturaleza. Por lo tanto, las leyes que definen las conexiones mutuas entre los elementos de la naturaleza se aplican ahora también a la sociedad humana.

«El siglo XXI, a diferencia del período posterior al Congreso de Viena, ya no es más un juego de suma cero ganadores y perdedores. Más bien, es un siglo de múltiples nodos de red. Cuanto mejor conectados estén estos nodos entre sí, más resonarán con los mejores ideales y principios».

Profesor Dr. Ludger Kunhardt, Director del Centro de Estudios para la Integración Europea[22]

Hasta hace poco, sentíamos que cada uno de nosotros era una unidad más o menos independiente. Construimos una sociedad que le permitió a cada uno alcanzar el éxito personal, incluso cuando éste a menudo venía a expensas de los demás.

Pero la red de conexiones que se está desarrollando ahora nos indica que este enfoque ya no puede funcionar. El antiguo método se ha agotado, y tiene que actualizarse. Para continuar avanzando debemos trabajar con un nuevo proceso funcional que ha tomado el control siguiendo el esquema de la globalización. Y para hacerlo, debemos conectarnos unos con otros y trabajar juntos.

Tenemos ahora un gran número de expertos en muchos campos que explican que el antiguo mundo se está desmoronando ante nuestros ojos porque está basado en un enfoque egocéntrico cuyo momento ha llegado a su fin. El nuevo mundo requiere que reconstruyamos todos los sistemas y procesos basados en un nuevo enfoque de colaboración y garantía mutua, donde todos sean garantes del bienestar de todos los demás. En los próximos años tendremos que aprender cómo trabajar juntos para asegurar nuestra supervivencia. Cada persona, cada sociedad, cada nación, y cada estado tendrán que aprender a trabajar juntos.

«El auténtico desafío hoy en día es cambiar nuestro modo de pensar, no sólo nuestros sistemas, instituciones o políticas. Necesitamos de la imaginación para comprender la inmensa promesa -y desafío- del mundo interconectado que hemos creado.... El futuro se funda en una mayor, no menor globalización, mayor cooperación e interacción entre los individuos y las culturas, e incluso compartir responsabilidades e intereses en mayor medida. Es la unidad en nuestra diversidad global lo que hoy necesitamos».

Pascal Lamy, Director General de la Organización Mundial del Comercio (OMC)[23]

La solución a nuestra crisis actual depende ante todo de nuestra capacidad de transformación y adaptación a la nueva realidad. Por esta razón, en todo el mundo la gente está comenzando a cambiar su comportamiento; sienten que sus gobiernos no están funcionando apropiadamente y no pueden proporcionar las soluciones a sus problemas. Muchos experimentan la necesidad de salir a la calle y reunirse con otras personas que tienen ideas semejantes.

Exponen diversas razones para tales reuniones, dependiendo del país. En el Mundo Árabe protestan porque quieren democracia y libertad de expresión. En Europa exigen soluciones a los problemas de desempleo y a las medidas de austeridad, y en Estados Unidos se trata del 1% que posee la riqueza contra el 99% que no la tiene.

Cuando un gran número de personas se reúne para protestar, experimentan una nueva sensación de empoderamiento Se puede percibir en los campamentos en toda Europa, en el "Movimiento Ocupemos" en Estados Unidos, e incluso en Egipto, en donde la gente toma las calles continuamente porque sienten que unidos tienen el poder de lograr sus reivindicaciones. Pero incluso cuando no pueden expresar con palabras sus demandas, como en los primeros días del Movimiento Ocupemos, queda claro que la gente disfruta la experiencia de una democracia genuina en la que todas las decisiones se toman con un espíritu de grupo, más que a través de intrigas y maniobras políticas.

La unidad de los manifestantes coincide con las nuevas leyes del mundo globalizado. Esta congruencia añade fuerza a las protestas, frente a las cuales los gobiernos no pueden permanecer indiferentes. Sin embargo, para que las protestas tengan éxito, deben estar en armonía con la ley de la globalización. Cualquier solución que favorezca a un sector o facción sobre el otro es tan egocéntrica como el sistema actual, y por lo tanto está condenada al fracaso.

Hoy en día, cualquier grupo de presión que se beneficie a sí mismo a expensas de los demás sólo intensificará las luchas de poder que ya existen, y acelerará la decadencia de la sociedad y la economía de ese país. La nueva situación del mundo requiere que todos nosotros, desde el ciudadano común hasta los dirigentes, resolvamos nuestros problemas por medio de la deliberación, consideración y garantía mutua.

«Nuestro bienestar está estrechamente ligado al de los desconocidos de todo el globo.... En algún punto tendremos que abandonar nuestro programa de pelea y adaptarnos a nuestra interconexión. Como lo expresó Clinton, 'Descubrimos que a medida que nuestra interdependencia se incrementa, nos va mejor cuando a otras personas también les va bien, por lo que tenemos que hallar la manera en que todos podamos ganar'».

Gregory Rodríguez, director fundador del Centro para la Cohesión en la Universidad del Estado de Arizona[24]

El nuevo mundo requiere que revolucionemos nuestras relaciones, no por medio de la fuerza, sino dentro de nuestros corazones. Esto debe suceder dentro de todos y cada uno de nosotros. En los Capítulos 3 y 4, expondremos los medios que tenemos a nuestra disposición para alcanzar el éxito en esta revolución. Por ahora digamos solamente que el propósito de dicha revolución en nuestra percepción es expandir nuestra conciencia y pasar del "yo" al "nosotros", para salir de nuestros estrechos cubos hacia una gran esfera en común.

No cabe duda de que estamos viviendo una época muy especial. La garantía mutua entre nosotros se presenta como la ley de la vida en nuestro mundo conectado. En el próximo capítulo, veremos que no sólo los seres humanos están conectados, sino que nosotros y toda la naturaleza formamos una sola unidad.

«Le pregunté al Dalai Lama cuál es la clave para la Paz. Me dijo, 'Piensa Nosotros, no Yo'».

Kenro Izu, Fundador de Amigos sin Fronteras[25]

Capítulo 2

La naturaleza y nosotros

«Un ser humano es parte del todo que llamamos
'universo'. Experimentamos nuestros pensamientos,
sentimientos y a nosotros mismos como algo
separado del resto, una especie de engaño óptico de la
consciencia».

Albert Einstein, en una carta fechada en 1950[26]

Tomemos un pequeño descanso del ajetreo y el bullicio de la vida en la era postmoderna, agobiada por la imposición del derecho propio y veamos de dónde proviene el concepto de la garantía mutua. En las profundidades del corazón del vasto universo hay una galaxia espiral sin particularidad alguna que la distinga. En uno de sus brazos se ubica una estrella promedio con planetas y asteroides que giran a su alrededor, como existen muchas otras estrellas en el cosmos.

Pero en el tercer planeta del sistema planetario se desenvuelve un fenómeno que no tiene paralelo en los otros planetas, quizá en ninguno, excepto en éste, aunque el universo es tan insondable que difícilmente podríamos afirmarlo. Ese fenómeno se llama "vida".

La vida es un acontecimiento particular pues es dinámica y cambia constantemente. Sin embargo, el cambio no se realiza al azar, sino más bien en una dirección muy clara - de lo simple a lo complejo, de la separación a la integración. Inmediatamente después del Big Bang, "El universo estaba dominado por la radiación", explica una publicación del Observatorio Haystack del Instituto Tecnológico de Massachusetts.[27]"Enseguida se combinaron los quarks para formar bariones (protones y neutrones). Cuando el universo tenía tres minutos de edad, se había enfriado lo suficiente para que estos protones y neutrones se combinaran en un núcleo".

El proceso de crecimiento, integración y complejidad continuó formando galaxias, estrellas y planetas. Al menos en uno de esos planetas, el proceso prosiguió más allá del nivel mineral al nivel orgánico, también conocido como "vida". Esto fue posible cuando los materiales orgánicos se combinaron de tal forma que les otorgó una cualidad única - la de reproducirse.

A medida que continuaban fusionándose en sincronía en el curso de la evolución, se hicieron más sofisticados, aprendiendo tareas especializadas y beneficiando a toda la congregación de células (o moléculas dentro de una célula). Se apoyaban en el resto de los elementos del grupo para que estos les abastecieran sus necesidades al mismo tiempo que continuaban fusionándose para satisfacer las necesidades de los demás. Estos fueron los primeros ejemplos de garantía mutua de la naturaleza, y los principios que se aplicaron en esas colonias hace miles de millones de años continúan aplicándose hoy en día en todo organismo vivo.

Después de aproximadamente cuatro mil millones de años, hizo su aparición la raza humana sobre la tierra. Los humanos, a diferencia del resto de la naturaleza, sienten que son distintos, que están separados de los otros niveles de la naturaleza. Sienten que son superiores, que no forman parte de un sistema integrado, sino que se hallan por encima de él. El atributo que la humanidad ha introducido verdaderamente en el sistema de la naturaleza es el sentido del derecho propio.

Todos los animales, vegetales y minerales realizan sus funciones como les dicta la naturaleza, a través de los instintos y comportamientos adquiridos. Nosotros, por otro lado, tenemos la libertad de elegir trabajar en beneficio propio o en beneficio de los demás integrantes de nuestra sociedad.

Si observamos la naturaleza, veremos que de hecho la elección de la garantía mutua, favoreciendo los intereses de la sociedad por encima de los propios, redunda en mayor ganancia para el individuo mismo. Como lo explicamos antes en relación al cuerpo humano en el capítulo anterior, ningún organismo podría existir si sus células funcionaran sólo para sí mismas. Del mismo modo, ningún ser humano podría existir si trabajara únicamente para él mismo. Imaginen a los siete mil millones de individuos sobre el planeta cada uno cultivando la tierra, cavando pozos, bombeando agua, cazando para comer y vestirse, exclusivamente para su uso personal. ¿Qué le sucedería a nuestra sociedad? En verdad, ¿qué sería de *nosotros*?

De modo que el interés personal nos hace trabajar en colaboración, pero dentro de nosotros hay algo que nos incita a actuar sólo para nosotros mismos, pasando por alto nuestra indiscutible interdependencia. Volviendo al ejemplo del cuerpo humano, la bióloga evolucionista Elisabet Sahtouris explicó con gran elocuencia el concepto de interdependencia entre elementos egocéntricos durante su presentación en una Conferencia en Tokio en noviembre de 2005: "En nuestro cuerpo, cada molécula, cada célula, cada órgano, es egocéntrico. Cuando cada nivel muestra su egocentrismo, fuerza las negociaciones entre los niveles. Este es el secreto de la naturaleza. A cada momento estas negociaciones que ocurren en nuestro cuerpo llevan al sistema a la armonía".

Si pudiéramos advertir que la evolución prosigue hoy en día y que no se detuvo con la aparición del homo sapiens, nos daríamos cuenta que la dirección de lo simple a lo complejo, de la separación a la integración continúa siendo el rumbo que sigue la naturaleza. La única diferencia con los tiempos anteriores es que la especie humana no tiene la obligación de integrarse, sino que debe elegir la integración por encima de la separación. Si esto sucede, se derivará una vida de armonía, equilibrio y prosperidad.

Podemos deducir que el proceso a través del cual el mundo se ha convertido en una aldea global no es un incidente aislado, sino una prolongación natural de los casi 14 mil millones de años de evolución desde el Big Bang. La crisis que la humanidad está experimentando hoy en día no es el colapso de la civilización sino el surgimiento de una nueva etapa en la que la humanidad se convierte también en una sola entidad, consciente de su interconexión y trabajando en armonía con ella. Cuando alcancemos esa percepción, seremos como un solo organismo, dentro del cual cada órgano funciona en beneficio del todo, mientras que el resto del organismo satisface todas las necesidades del órgano.

Complementación y reciprocidad:

«Unidad y complementación constituyen la realidad".[28]

Werner Heisenberg, físico, formuló el Principio de Incertidumbre

Un examen exhaustivo de la naturaleza revela el profundo vínculo que la sostiene. Cada elemento complementa y sirve a los otros, como lo demuestra la cadena alimenticia: los vegetales se alimentan de los minerales, los herbívoros de las plantas, y los carnívoros de los herbívoros. Esta cadena contiene una cantidad innumerable de sub-cadenas que juntas constituyen el sistema completo. En la cadena alimenticia, cada elemento afecta a los demás elementos, y cualquier cambio en alguno de ellos afectará a los demás elementos de esta misma.

El estudio de la naturaleza revela que cada elemento que realiza su función le permite a los ecosistemas sostener el equilibrio entre los diferentes elementos del conjunto, y de este modo mantenerse saludable. Un informe significativo presentado al Departamento de Educación en EE.UU. en octubre de 2003 por las doctoras Irene Sanders y Judith McCabe, muestra claramente lo que sucede cuando violamos el equilibrio de la naturaleza.

"En 1991, se avistó una orca -una ballena asesina- devorando una nutria, cuando las orcas y las nutrias por regla general coexisten pacíficamente. Entonces, ¿qué estaba sucediendo? Asimismo, los ecologistas descubrieron que la población de la perca marina y los arenques iba en descenso. Las orcas no se alimentan con estas especies, sino que las focas y los leones marinos constituyen el nutrimento acostumbrado de las orcas; pero la población de éstos, también había disminuido. Privadas de sus focas y leones marinos, las orcas comenzaron a recurrir a las simpáticas nutrias para conseguir su cena.

"Entonces las nutrias se extinguían porque desaparecían los peces que para comenzar ellas nunca habían consumido. Pero, el efecto dominó continuaba propagándose: en vista de que ya no había nutrias que se alimentaran de erizos de mar, la población de erizos se había incrementado exponencialmente y como los erizos se nutren de los bosques de algas en el fondo marino, estaban arrasando con estos mismos. Las algas marinas han sido el hogar de los peces que son el alimento de las gaviotas y las águilas. Al igual que las orcas, las gaviotas pueden hallar otra fuente de sustento, pero las águilas calvas no pueden hacerlo, y en consecuencia se encuentran en serios problemas.

"Todo comenzó con la disminución de la perca marina y el arenque. ¿Por qué? Pues porque los balleneros japoneses estaban matando la variedad de ballenas que se alimentan de los mismos organismos microscópicos que nutren a los abadejos (una especie de pez carnívoro). Al aumentar su consumo de ese nutrimento, la población del abadejo se incrementó y atacó a la perca y al arenque, que son la comida de las focas y los leones marinos. Con la disminución de la población de los leones marinos y las focas, las orcas deben alimentarse de las nutrias".

Naturaleza y Ecología:

Como hemos visto, la naturaleza está constituida por conexiones recíprocas que crean equilibrio, coherencia y armonía. Pero los humanos no funcionan en este modo recíproco, ni entre ellos mismos ni con la naturaleza. Por consiguiente, dado que los humanos son parte de la naturaleza, su falta de concordancia con ella y entre ellos mismos desequilibra todo el sistema, como lo demuestra el ejemplo anterior de las orcas. Mientras que toda la naturaleza obedece el principio de la garantía mutua -da lo que puedas y recibe lo que necesitas- los humanos funcionan en sentido contrario: toma lo que puedas y da sólo lo que es forzoso. El hombre explota al hombre y la humanidad explota a la naturaleza. De hecho, casi hemos agotado los recursos de nuestro planeta.

«Nuestros rastros ecológicos ya están utilizando los recursos renovables de 1,4 planetas Tierra, y probablemente utilizarán el de dos planetas Tierra para el año 2050. En otras palabras, estamos viviendo de manera insostenible agotando el capital natural de la Tierra. Nadie sabe cuánto más podemos continuar por este camino, pero las alarmas ambientales se están disparando».

G. Tyler Miller, Scott Spoolman, Viviendo en el Medio Ambiente: Principios, Conexiones y Soluciones[29]

En la naturaleza, los seres humanos se han convertido en algo semejante a un tumor canceroso. La humanidad está succionando todo para ella misma, sin consideración por el medio ambiente. Pero así como el cáncer, muere junto con el cuerpo al que le da la muerte; eso también le sucederá a la humanidad si no se transforma en un órgano sano en el organismo de la naturaleza.

Para comprender por qué la humanidad se comporta de modo tan irresponsable e irracional, tenemos que estudiar de cerca la naturaleza humana. Como lo explicó la bióloga Sahtouris anteriormente, "Cada molécula, cada célula, cada órgano... es egocéntrico". Sin embargo, el egocentrismo no significa que la humanidad deba soslayar el hecho de que debe mantener la salud del organismo -es decir de la humanidad- por conveniencia propia.

Lo que nos oculta esta realidad es que sentimos que tenemos derecho a todo, el derecho propio, o sea, el "narcisismo". Los psicólogos Jean M Twenge y Keith Campbell nos dicen que nuestra sociedad es "cada vez más narcisista".[30] En su penetrante libro, *El narcisismo epidémico: vivir en la edad del derecho propio*, Twenge y Campbell hablan del "Incesante crecimiento del narcicismo en nuestra cultura"[31] y los problemas que causa. "Estados Unidos está sufriendo actualmente de una epidemia de narcisismo; los rasgos de la personalidad narcisista crecieron tanto como la obesidad", explican. "Lo que es peor", continúan, "el aumento del narcisismo se está acelerando a niveles que crecen más rápidamente en los años 2000 que en las décadas anteriores. En el año 2006, 1 de cada 4 estudiantes universitarios dieron positivo en la mayoría de los puntos de medición de los rasgos narcisistas. Hoy, como lo expresó la cantante Little Jackie, mucha personas sienten que 'Sí, por supuesto, todo el mundo debe girar alrededor mío'".[32]

En el *Diccionario Webster*, se define el narcisismo como "egoísmo", y esto, para ser sinceros, significa que nos hemos convertido en egoístas insoportables. Nuestro egoísmo pomposo nos ha llevado a desarrollar una cultura de consumismo, que implica una producción, comercialización y consumo de bienes y servicios muy agresivos, no porque esto vaya realmente a mejorar nuestras vidas, sino porque podemos alardear con estos objetos. Compramos porque los demás compran, porque no queremos quedarnos atrás.

El consumismo ha provocado que cada industria acelere su producción, dando como resultado una gran cantidad de redundancias producidas a un ritmo alarmante que están contaminando el planeta y agotando sus recursos sólo para satisfacer la incesante persecución de la riqueza y la posición social. Pero existe un límite para todo, y casi hemos alcanzado el final del camino.

Según el reporte en *International Energy Outlook 2011* de la Agencia Internacional de Energía (AIE), Fatih Birol, la economista en jefe de la agencia, le comentó a Fiona Harvey de *The Guardian*: "La puerta se está cerrando. Estoy muy preocupada; si no cambiamos ahora el rumbo del uso de la energía, vamos a rebasar el límite que los científicos nos dicen que es el mínimo (por seguridad). La puerta se cerrará para siempre".[33]

De modo semejante, un compendio de la Universidad de Yale informa: "Un informe preliminar del Panel Intergubernamental sobre el Cambio Climático (PICC) señala que hay dos sobre tres posibilidades que el cambio climático producido por la humanidad ya nos esté llevando hacia un incremento de fenómenos meteorológicos extremos. El informe preliminar señala que el clima cada vez más violento... conducirá a una creciente pérdida de vidas humanas y daños en la propiedad lo que hará que algunos lugares sean catalogados como 'extremadamente marginales para habitar'. El reporte dice que los científicos están 'prácticamente seguros' que el calentamiento sostenido provocará no sólo olas de calor extremo y sequía en algunas regiones, sino también lluvias más intensas que ocasionarán graves inundaciones".[34]

La indiferencia de la humanidad por el medio ambiente ha sido devastadora respecto a las fuentes de nuestras necesidades más vitales: los alimentos y el agua. De acuerdo a la Fundación Mundial de Vida Salvaje (WWF), "La sobrepesca está devastando la población de peces. Más del 75% de las zonas pesqueras ya están totalmente explotadas o sobreexplotadas".[35]

También Ian Sample de *The Guardian* escribe: "Aproximadamente el 40% de los terrenos agrícolas en el mundo está seriamente empobrecido. La evaluación de ecosistemas del milenio de la ONU clasificó la degradación de la tierra entre los mayores desafíos ambientales del mundo, afirmando que se corre el riesgo de desestabilizar a las sociedades, poner en peligro la seguridad alimenticia e incrementar la pobreza".[36]

Pero los datos acerca del agua -la sustancia esencial para toda la vida- son los más alarmantes. Una publicación oficial del Fondo de Naciones Unidas para la Infancia (UNICEF) rinde un informe detallado sobre los daños y el peligro de beber agua no segura. "Casi el cincuenta por ciento de la población del mundo en desarrollo -2.500 millones de personas- carecen de servicios sanitarios mejorados, y más de 884 millones de personas aún utilizan fuentes de agua potable inseguras. El acceso inadecuado al agua segura y los servicios sanitarios, aunado a prácticas insuficientes de higiene, provocan enfermedad y muerte a miles de niños cada día, y conduce al empobrecimiento y la disminución de oportunidades para otros miles. La falta de saneamiento, agua e higiene tienen otras repercusiones muy serias. A los niños -y particularmente a las niñas- se les niega el derecho a la educación debido a que las escuelas carecen de servicios sanitarios adecuados. Las mujeres se ven forzadas a pasar gran parte del día acarreando agua. La productividad de los campesinos pobres y los asalariados se ve afectada por la enfermedad, los sistemas de salud están sobrecargados y las economías nacionales sufren. Sin ASH (agua, sanidad e higiene), el desarrollo sostenible es imposible".[37]

«En vista de que son la destrucción de los soportes naturales de la economía y la perturbación del sistema climático los que están conduciendo al mundo al límite, son éstas las tendencias que deben revertirse. Realizarlo requiere de rigurosas medidas, esto es, alejarse lo más pronto posible de los procesos acostumbrados".

«...Al mismo tiempo que la tierra y el agua escasean, se eleva la temperatura de la tierra, y se deteriora la seguridad alimenticia mundial, está surgiendo una peligrosa geopolítica de escasez de alimentos».

Lester R. Brown, analista del medio ambiente, fundador y presidente del Earth Policy Institute, y autor de World on the Edge: How to Prevent Environmental and Economic Collapse[38]

El 6 de mayo de 2011, Matthew Lee de *Associated Press*, informó que: "El Secretario de Estado de Estados Unidos, Hillary Rodham Clinton, advirtió que la escasez global de alimentos y la espiral de precios amenazan con crear una desestabilización generalizada y convoca a una acción inmediata para evitar que se repita la crisis del 2007 y 2008 que dieron como resultado disturbios en docenas de países en vías de desarrollo.... La ONU informa que 44 millones de personas descendieron a niveles de pobreza desde hace un año debido al aumento de los precios de los alimentos, que podría derivar en carestía y malestar. Clinton dijo que el mundo ya no puede continuar empleando el antiguo método de enviar ayuda de emergencia para mantener las curitas adhesivas".[39]

Lamentablemente, una semana después llegó el desalentador informe de que "El mundo desperdicia el 30% de todos los alimentos".[40] Según el informe, "El 30% de toda la comida producida en el mundo cada año se desecha o se pierde. Esto se refiere a alrededor de 1.300 millones de toneladas, de acuerdo a un nuevo informe de la Organización de Naciones Unidas para la Alimentación y la Agricultura.... Es como si cada persona en China, el país más poblado del mundo con más de 1.300 millones de personas, tuviera una tonelada de alimentos que pudiese arrojar sencillamente al cesto de basura. Si fragmentamos este número, veremos que la gente que tiene más dinero es la que desperdicia más comida. Y estas cifras nos llegan justo cuando acabamos de informar sobre el incremento de los precios de alimentos alrededor del mundo la semana pasada. "Lo que necesitamos es un cambio de mentalidad muy importante", concluye el periodista de la CNN, Ramy Inocencio.

Ciertamente, necesitamos un cambio de mentalidad que contemple y apoye la garantía mutua. Con esta manera de pensar, nadie tiraría comida al cesto de basura existiendo personas en el mundo con hambre. Dentro de una sociedad de garantía mutua esto equivaldría a dejar que tu propia familia muriera de hambre mientras tú la engulles hasta convertirte en un obeso.

Michel Camdessus, ex Director Administrativo del Fondo Monetario Internacional (FMI) durante 13 años, explica la conexión entre el estado de la economía, el estado del medio ambiente y la falta de garantía mutua, que él ve como el origen de ambas crisis. "Lo que ha ocurrido es una especie de problema ético y global. Durante años y años hemos sensatamente pedido que los actores financieros moderaran su apetito monetario, que se interesaran por la comunidad, que cuidaran de ella, que se preocuparan por el prójimo - todos estos principios han sido olvidados. Debemos establecer un sistema ético global, que por ahora no tenemos... Tanto la crisis financiera como la del medio ambiente se originan en la sobreexplotación de los recursos naturales o de los mecanismos económicos. Esto significa que todos nosotros debemos repensar nuestra propio concepto de los modelos; todos nosotros debemos ser más conscientes de que en los años venideros tendremos mayores responsabilidades".[41]

Sin embargo, a pesar de los límites evidentes de los recursos de la tierra y el daño que hemos causado, continuamos "ordeñando" a la Madre Tierra, contaminando innecesariamente el aire, el agua y el suelo, heredando a nuestros hijos un planeta que no les proporcionará ni comida ni energía.

Con respecto al hecho de que estamos agotando estas fuentes de energía, Steve Connor de *The Independent* entrevistó a Fatih Birol, economista en jefe de la Agencia de Energía Internacional (AEI). Según Connor, "La Dra. Birol dijo que el público y muchos gobiernos parecen olvidar que el petróleo del que depende nuestra civilización moderna se está agotando más rápidamente de lo que se predijo anteriormente y que es probable que la producción global llegue a su ritmo máximo dentro de 10 años - una década antes de lo que calcularon la mayoría de los gobiernos".[42]

Restablecer el Equilibrio

«Hasta ahora, el hombre se enfrentó a la naturaleza; de ahora en adelante, tendrá que enfrentarse a su propia naturaleza".[43]

Dennis Gabor, inventor de la holografía, ganador
del Premio Nobel de Física en 1971

Equilibrio es el nombre del juego en la naturaleza. Este es el estado al que la naturaleza aspira llevar a todos sus elementos. La única razón por la cual cualquier sustancia u objeto se mueve o cambia de "aspiración" es para recuperar el equilibrio. Esta aspiración crea fenómenos tales como el viento, la difusión del calor en áreas frías, el flujo del agua hacia terrenos más bajos, y muchos otros sucesos. En los organismos vivos, el estado de equilibrio se llama "homeostasis" (del griego, *hómoios*, "similar" y *stásis*, "inmóvil"). El diccionario *Webster's* define "homeostasis" como "Un estado relativamente estable de equilibrio o una tendencia hacia dicho estado entre elementos diferentes pero interdependientes o grupos de elementos de un organismo, población o grupo".

Nosotros, como partes diferentes pero interdependientes de la naturaleza, estamos sujetos a la ley de equilibrio, u "homeostasis" en nuestros cuerpos, así como en toda la población, como lo define el diccionario *Webster's*. Es decir, la humanidad no es una entidad separada, sino una parte integral de la naturaleza. Por esta razón, estamos sujetos a todas las leyes de la naturaleza en nuestros cuerpos y nuestras sociedades.

En el nivel humano, "estar en homeostasis" significa expandir nuestra conciencia desde un enfoque egocéntrico hacia un enfoque social e incluso a un enfoque global. Necesitamos ser más considerados con los demás y con nuestro medio ambiente, que forman parte del sistema al que todos pertenecemos. Los ejemplos presentados ilustran algunas de las consecuencias que podemos sufrir si elegimos permanecer ajenos a nuestra interconexión mutua y con la naturaleza.

Dolores de parto

«Tenemos el desafío de elevarnos por encima de
los estrechos límites de nuestras preocupaciones
individuales hacia las preocupaciones más amplias de
toda la humanidad. El nuevo mundo es un mundo
de convivencia geográfica. Esto significa que ningún
individuo o nación puede vivir solo. Debemos aprender
a vivir juntos, o nos veremos obligados a perecer
juntos".

Martin Luther King, Jr.[44]

Ahora que el egoísmo humano representa una amenaza
para nuestra existencia, nos enfrentamos a dos opciones.
Podemos sentarnos con los brazos cruzados, dejar que la
naturaleza siga su curso, y esperar a que los problemas
llamen a nuestra puerta antes de considerar cómo hacerles
frente. O, podemos actuar y asumir la responsabilidad
de nuestro futuro. Hoy en día la raza humana puede aún
avanzar hacia el equilibrio y la armonía con la naturaleza,
hacia una prosperidad sostenible. Todo lo que necesitamos
es implementar el enfoque de la garantía mutua, y así
sincronizarnos con la naturaleza.

Si lo llevamos a cabo, la sociedad que construiremos será
sostenible, próspera, segura y pacífica - ya que difícilmente
puede haber guerra entre personas que se hacen garantes
del bienestar de los demás.

En el próximo capítulo se expondrán los pasos prácticos
que podemos dar para establecer dicha civilización.

Capítulo 3

La Forma Práctica

«El gran proyecto del Siglo XXI -entender que la humanidad como un todo se vuelve más grande que la suma de sus partes- es precisamente el comienzo. Como un niño que despierta, el gran organismo humano está tomando conciencia de sí mismo, y esto nos ayudará seguramente a alcanzar nuestros objetivos.»

N. Christakis y J. Fowler, Conectados: El sorprendente poder de nuestras redes sociales[45]

En los capítulos anteriores describimos las conexiones que enlazan a todo el mundo en una sola red. Nos dimos cuenta que esta red es una creación natural de la evolución, que se desplaza de lo simple a lo complejo, de la separación a la integración. Esta conectividad también determina que la garantía mutua es la fórmula a través de la cual se sustenta toda la vida, y que si la humanidad desea ser sostenible, necesitamos aplicar este *modus operandi* en nosotros mismos.

El único problema que tenemos es cómo deberemos alcanzarlo. En efecto, ¿cómo puede el individuo, o la sociedad, cambiar su mentalidad y empezar a cuidar de todos en lugar de cuidarse sólo a sí mismo? Dicho de otro modo, "¿Cómo cambiamos del programa "yo" al programa "nosotros"?". Por otra parte, esa transformación no debe ser aleatoria, sino convertirse en un cambio duradero y dejar atrás la tendencia egocéntrica que describen Twenge y Campbell en *El Narcisismo Epidémico* citado anteriormente.

La forma en que podemos conseguirlo es a través del cambio de nuestros valores sociales. Si examinamos a fondo las razones de nuestro comportamiento, descubriremos que muy a menudo actuamos de cierta manera para ganar la aprobación social de los que nos rodean. Lograr la aprobación de las personas que se encuentran en nuestro entorno social nos da confianza y entusiasmo, mientras que la falta de aprobación nos aflige, nos vuelve inseguros y avergonzados de lo que somos. Por esta razón, conscientemente o no, tendemos a conformarnos con los códigos de comportamiento y valores de la sociedad.

María Konnikova, la elocuente escritora y psicóloga, escribió acerca de nuestra necesidad de ajustarnos a los códigos de la sociedad en su blog en *Scientific American*: "Tenemos la tendencia a comportarnos de manera muy diferente cuando pensamos que alguien nos observa y cuando sabemos que no es así. Somos en extremo sensibles a las costumbres y normas sociales imperantes... Cuando decidimos actuar, ¿debemos tomar en cuenta si alguien nos observa o no? Si bien teóricamente es fácil argumentar que no deberíamos, ya que las mismas normas de comportamiento se aplican en todas las circunstancias, en la práctica, normalmente sí es un factor que influye. Lo anterior es válido con comportamientos banales (por ejemplo, ¿te meterías el dedo en la nariz en público?,

¿y qué me dices si estás casi seguro de que nadie te está mirando?), así como en los más trascendentes (¿lastimarías a una persona físicamente, o de algún otro modo, si alguien te está observando?, ¿y qué harías si estás razonablemente convencido de que esta contravención nunca irá más allá de ustedes dos?)".[46]

Por consiguiente, tan pronto como cambiemos nuestros valores sociales para que la garantía mutua y el cuidado recíproco ocupen el nivel más elevado, cambiaremos nuestros valores en consecuencia. Cuando la sociedad valore a los individuos conforme a su contribución a la sociedad, todos desearán contribuir a la sociedad, para recibir su reconocimiento y aprobación. Si el respeto y la posición social que ocupa actualmente la excelencia en la ingeniería financiera -con cuyas consecuencias aún estamos lidiando- se otorgaran a las personas que hubieran acrecentado el bienestar general de la comunidad, financiera o socialmente, entonces todos empezarían a contribuir a la sociedad de esa manera constructiva.

Cambiando el debate público

El impacto de la opinión pública ha quedado demostrado poderosamente durante la mayor parte del año 2011 a través de la agitación desatada, primero en el mundo árabe y Europa y luego en todo el mundo, la cual alimentó primero a las redes sociales y después a los medios oficiales y tradicionales. Si buscamos el concepto del 1% contra el 99%, casi no hallaremos mención de él antes de que el movimiento Ocupemos Wall Street (OWS) iniciara sus protestas el 17 de septiembre de 2011.

Otro reconocimiento del poder del debate social y la opinión pública para mejorar la sociedad llegó en una declaración escrita por el Banco Mundial titulada, *El Poder del Debate Público*: "El concepto de desarrollo abierto (que concede igualdad de oportunidades comerciales para todos) supone una fuente creciente de información a disposición de los ciudadanos.... El propósito de todo esto (desarrollo abierto) es crear un cambio en las relaciones de poder para que pase de las instituciones y gobiernos, cuya responsabilidad es proporcionar servicios y mejorar los niveles vida, a las personas a quienes dichos servicios deben beneficiar. Ese poder puede ejercerse eficazmente por pequeños grupos de ciudadanos que trabajen juntos para identificar y confrontar a políticos o proveedores de servicios que no cumplan con los contratos a los que fue destinado el dinero. Debido a que la corrupción, la política o el interés personal están seriamente arraigados, es improbable que un desarrollo más abierto tenga los efectos deseados a menos que las diversas comunidades sean capaces, colectiva y pacíficamente, de ejercer una influencia representativa".[47]

La efectividad de la influencia del medio ambiente fue comprobada científicamente hace décadas. En 1951, uno de los más célebres estudios sobre el tema fue dirigido por el psicólogo Solomon Eliot Asch. El estudio fue dado a conocer como el *Experimento de Conformidad de Asch*. Utilizando tarjetas con varias líneas dibujadas (*Line Judgment Task*), Asch invitó a un participante verdadero a tomar el examen junto con siete cómplices en un salón. Los cómplices habían acordado de antemano cuáles serían sus respuestas cuando les presentaran las tarjetas. El participante no estaba al tanto del hecho y se le hizo creer que los otros siete participantes también eran reales.

Cada persona en la habitación tenía que establecer en voz alta cuál de las líneas de comparación (A, B, o C) era más parecida a la línea de referencia. La respuesta siempre era obvia. El participante verdadero se 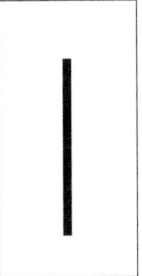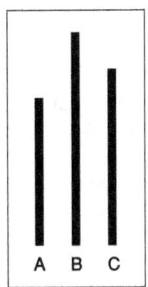 sentaba al final de la fila y daba su respuesta al último. Hubo en total 18 comparaciones y los participantes falsos dieron una respuesta equivocada en 12 comparaciones.

Resultados: En promedio, aproximadamente un tercio (32%) de los participantes que fueron sometidos al examen secundó y se conformó con la mayoría que claramente dio respuestas incorrectas. Sobre 18 intentos, alrededor del 75% de los participantes se conformó al menos una vez y el 25% de los participantes nunca siguió la corriente de la mayoría.

Conclusión: ¿Por qué los participantes se conformaron con la mayoría tan fácilmente? Cuando fueron entrevistados luego del experimento, la mayoría de ellos dijo que creyó que las respuestas eran incorrectas pero que había secundado al grupo por temor a quedar en ridículo o que pensaran que era distinto. Unos cuantos manifestaron que realmente creyeron que las respuestas del grupo eran las correctas.

Al parecer, la gente se conforma con la opinión de la mayoría por dos razones principales: porque quieren converger con el grupo (influencia normativa) o porque creen que el grupo está mejor informado que ellos (influencia informativa).[48]

Un nuevo estudio prueba la noción más bien orwelliana de que la influencia del entorno social puede incluso cambiar nuestros recuerdos. Un estudio en el Instituto de Ciencia Weizmann investigó hasta qué grado se pueden alterar los recuerdos a través de la manipulación social. El reporte informa, "Una nueva investigación en el Instituto Weizmann revela que todo lo que se necesita es ejercer una pequeña presión social".

El experimento se llevó a cabo en cuatro etapas. Primero, los voluntarios asistieron a la proyección de una película. Tres días después, realizaron un examen de memoria, respondiendo preguntas acerca de la misma. También se les preguntó qué tan seguros estaban de sus respuestas.

Más tarde fueron invitados a tomar nuevamente el examen mientras se los escaneaba en un generador de imágenes de resonancia magnética funcional (fMRI) que revelaba la actividad cerebral. En esta ocasión, sin embargo, se les entregaron las supuestas respuestas de los otros participantes del grupo. Entre ellas se introdujeron respuestas falsas a las preguntas que los voluntarios habían respondido con anterioridad correcta y confiadamente. Después de ver estas respuestas "plantadas", los participantes se conformaron con el grupo, dando respuestas incorrectas casi en el 70% de los casos.

¿Pero, se conformaban a las exigencias sociales, o en realidad habían cambiado sus recuerdos de la película? Para descubrirlo, los investigadores invitaron a los sujetos a volver a realizar el examen de memoria. En algunos casos los participantes regresaron a las respuestas originales correctas; sin embargo, cerca de la mitad permaneció en el error, lo que implica que los sujetos confiaban en los recuerdos falsos implantados en la sesión anterior.

Un análisis de los datos de la fMRI mostró diferencias en la actividad cerebral entre los recuerdos falsos persistentes y los errores temporales de conformación con la sociedad. Los científicos piensan que existe un vínculo que conecta lo social y los procesos de memoria en el cerebro: es posible que se necesite su *sello*... para recibir aprobación (de los recuerdos) antes de que se carguen en el banco de memoria. De este modo, el apoyo social podría actuar en nuestros cerebros para reemplazar un recuerdo vívido por uno falso".[49]

«La mayoría de la gente ni siquiera se da cuenta de su necesidad de conformarse. Viven bajo la ilusión de que siguen sus propias ideas e inclinaciones, que son individualistas, que han alcanzado sus opiniones como resultado de su propio pensamiento - y lo que sucede sencillamente es que sus ideas son las mismas que las de la mayoría».

Erich Fromm, El Arte de Amar[50]

Ahora que hemos visto cómo la sociedad afecta los puntos de vista de la gente, examinemos el tema desde un ángulo práctico, educativo. El impacto de los medios de comunicación en nuestros criterios, incluso físicamente dentro de nuestros cerebros, ha sido documentado y reconocido más de una vez. Titulares como "Video juegos violentos y cambios en el cerebro",[51] "Comerciante noruego exhibe juegos violentos en espera de un ataque",[52] y "Tiroteo masivo en Alemania impulsa a los comerciantes a descontinuar juegos para adultos",[53]sugieren que los individuos están muy conscientes del daño que causan los medios violentos y agresivos. Sin embargo, a pesar de esta percepción, los medios no sólo continúan mostrando imágenes ofensivas, sino que incluso cada vez son más explícitas y frecuentes.

Para comprender cuánta violencia absorben las mentes de los jóvenes, consideren esta información de una publicación del Sistema de Salud de la Universidad de Michigan titulada, *La televisión y los niños:* Un niño estadounidense promedio habrá visto 200.000 actos violentos y 16.000 asesinatos en la TV al llegar a los 18 años".[54] Si esta cifra no parece alarmante, consideren que hay 6.570 días en dieciocho años, lo que significa que en promedio, a esa edad, un joven habrá visto algo más de treinta actos de violencia en la televisión, 2.4 de los cuales habrán sido asesinatos, *cada día de su joven vida.*

> «No es neutralidad lo que estamos exigiendo, sino más bien unidad, unidad de garantía común, de responsabilidad mutua, de reciprocidad... Es a esto que aspira nuestro trabajo en educación entre nuestros muchachos, y aún más con los adultos».
>
> Martin Buber, filósofo y educador, *Una nación y un mundo: Ensayos sobre acontecimientos actuales*[55]

Para concluir, una investigación contemporánea prueba que "mi entorno de hoy es mi yo del mañana". Nuestro entorno nos construye como seres humanos, porque somos producto de nuestro entorno. Cada cambio que deseamos imponernos debe primero ser absorbido por nuestro entorno. Por lo tanto, cuando el entorno respalda el valor de la garantía mutua y la considera digna de elogio, este valor será encomiable también a los ojos de sus integrantes.

Implementación: Internet y la comunicación interpersonal

La solución más rápida y obvia para alcanzar el cambio de nuestros valores es a través de los elementos clave que diseñan nuestros patrones de pensamiento en la actualidad - los medios de comunicación y el Internet. Para cambiar la mentalidad social, necesitamos cambiar el discurso en los medios. Como se expuso anteriormente, si los medios promocionaran que es bueno dar, compartir y colaborar, así pensaríamos también y lo llevaríamos a cabo con mucho gusto.

Pero en la realidad de hoy en día, nuestros egos están inflados: aquel que siente que tiene derecho a todo está bien visto y a los manipuladores se les llama "emprendedores". No es de extrañar que en la escuela, a los que no son egoístas o maliciosos se les etiquete de "tonto" o "débil". Tampoco es sorprendente que con tal corriente de mensajes socialmente negativos, los oficiales de policía deban estar apostados en cada escuela primaria en Texas, por ejemplo, no para ahuyentar a adultos peligrosos, sino para alejar a los *niños* peligrosos, e incluso arrestar a algunos que sólo cuentan con seis años de edad. Y no sólo uno o dos, sino 300.000 niños en el año 2010, y sólo en ese estado.[56]

El entretenimiento televisivo no tiene que significar violencia o espectáculos que promuevan el derecho egoísta. Es muy factible producir programas de televisión de alta calidad, divertidos, que contengan mensajes a favor de las relaciones sociales. El periodismo investigativo no sólo debe dar a conocer la corrupción, sino también demostrar que dependemos unos de otros y que sólo juntos podremos salir adelante.

Los medios pueden presentar aquellas comunidades e iniciativas en las cuales se estén implementando dichos conceptos, como la ciudad de Marinaleda en España, cuya estimulante historia fue presentada en *The New York Times, Un trabajo y ninguna hipoteca para todos en un pueblo español*.[57] Los medios podrían entonces discutir sobre el éxito que han alcanzado tales esfuerzos, cómo mejoran nuestras vidas, y evidenciar que dichas iniciativas pueden implementarse en diferentes partes del mundo.

La conclusión es que se necesita transformar el discurso público, y cuando esto se lleve a cabo la gente cambiará sus puntos de vista; los medios de comunicación cambiarán su contenido para adaptarse al discurso público. Pero el cambio debe comenzar con un esfuerzo consciente, ya que la tendencia actual de los medios no es a favor de la sociedad ni es proactiva.

Asimismo, el cambio social no tiene que comenzar en la cima, en los horarios de máxima audiencia, en programas de alto perfil televisivo, en los canales más populares. Se puede alcanzar un gran éxito con un movimiento desde la base, con unos pocos entusiastas que se unan para formar un movimiento social que se promueva a través de Internet. Así es precisamente como comenzó el movimiento Ocupemos Wall Street.

Los medios de comunicación sociales como Facebook y YouTube le permiten a cualquiera con tan sólo un poco de iniciativa y sentido común promover cualquier idea que desee -buena o mala- y crear el eco suficiente para reunir una masa crítica de ideas a favor de la sociedad. Como veremos más adelante, se necesita de una minoría pequeña y decidida para realizar un cambio grande y decisivo.

Junto a los diversos medios de comunicación sociales, tenemos la efectiva y tradicional comunicación de boca en boca. Las ideas se propagan simplemente hablando de ellas; en la casa, en el trabajo, con los amigos, en los foros en línea, a través de las redes sociales. Sencillamente decir a la gente lo que uno cree que es correcto les hará reflexionar. "No hay nada como proponer un producto tan interesante que la gente simplemente no pueda evitar hablar de él. Nada más eficaz que los clientes que por su propia cuenta deciden apoyar un negocio que simplemente les gusta", escribe el consultor de marketing, Andy Sernovitz, en su libro *Mercadeo de boca en boca: cómo consiguen las compañías inteligentes que la gente hable.*[58]

Existe un recurso más larvado para esparcir las ideas. Éstas pueden propagarse en todas direcciones cuando las personas simplemente piensan o desean ciertas cosas. El 10 de septiembre de 2009, *The New York Times* publicó una historia titulada, *¿Tus amigos te hacen engordar?* de Clive Thompson.[59] Thompson describe un fascinante experimento realizado en Framingham, Massachusetts, para el cual, durante cincuenta años periódicamente se documentaron y registraron detalles de la vida de 15.000 personas. El análisis de los datos realizado por Nicholas Christakis y James Fowler arrojaron asombrosos descubrimientos acerca del efecto que ejercemos los unos sobre los otros en todos los niveles -físico, emocional y mental- y cómo las ideas pueden ser tan contagiosas como los virus.

En su célebre libro, *Conectados: el sorprendente poder de nuestras redes sociales y cómo éstas dan forma a nuestras vidas - cómo los amigos de tus amigos de tus amigos influyen en todo lo que sientes, piensas y haces*, Christakis y Fowler establecieron que existía una red de interrelaciones entre los más de 5.000 de los participantes. Christakis y Fowler descubrieron que dentro de la red, una persona afectaba a cada uno de ellos y a su vez era afectada por cada uno, no sólo en lo relativo a cuestiones sociales, sino también en cuestiones físicas.

Al analizar los datos de Framingham, Thompson escribió: "Christakis y Fowler reportan que por primera vez han descubierto bases sólidas para una teoría potencialmente poderosa en epidemiología: los buenos hábitos -como dejar de fumar, conservarse delgado o ser optimista- se transmiten de un amigo a otro, casi como si fuera un virus contagioso. Los datos sugieren que los participantes de Framingham influyeron mutuamente en su salud, simplemente relacionándose. Y lo mismo ocurrió con los comportamientos negativos - los diversos grupos de amigos parecían 'infectarse' entre ellos de obesidad, desdicha y hasta del hábito de fumar. Parece que estar saludable no es solamente una cuestión genética o de régimen alimenticio. La buena salud también es en parte el resultado de la simple proximidad con otras personas saludables".[60]

El descubrimiento más sorprendente de los investigadores fue sin embargo que estas infecciones pueden "saltar" a través de las conexiones. ¡Descubrieron que las personas pueden ejercer influencia mutua aún sin conocerse! Incluso, Christakis y Fowler hallaron evidencia de estos efectos hasta en tres grados de separación (el amigo de un amigo de un amigo). En palabras de Thompson: "Cuando un residente de Framingham se volvía obeso, el 57% de sus amigos tenían la probabilidad de ponerse obesos también. Y lo más asombroso... esto parecía traspasar los vínculos. Un residente de Framingham tenía un 20% de propensión a ser obeso si el amigo de un amigo se convertía en obeso, incluso si el amigo intermedio no había aumentado un solo kilo. Ciertamente, el riesgo de obesidad de una persona se incrementaba alrededor de un 10% si el amigo de un amigo de un amigo había subido de peso.[61]

Citando al Profesor Christakis, Thompson escribió: "En cierto sentido podríamos comenzar a comprender las emociones humanas, como la felicidad, del mismo modo que podríamos estudiar la estampida de los búfalos. No le preguntas a un búfalo en particular '¿Por qué corres hacia la izquierda?' La respuesta es que todo el rebaño corre hacia la izquierda".[62]

Pero existen otras implicaciones dentro del contagio social que van más allá de nuestro peso o afección cardíaca. En una conferencia televisada, el Profesor Christakis explicó que nuestras vidas sociales (y por lo tanto una gran parte de nuestras vidas físicas, a juzgar por los párrafos anteriores) dependen de la calidad y fortaleza de nuestras redes sociales y de lo que corre por las venas de esa red. Según sus palabras, "Formamos redes sociales porque los beneficios de una vida conectada supera los costos. Si siempre fuera violento o te provocara tristeza… cortarías los lazos conmigo y la red se desintegraría". Por lo tanto, difundir lo que es bueno y valioso es indispensable para sostener y alimentar las redes sociales, y en consecuencia, se requiere de las redes sociales para divulgar lo que es bueno y valioso, como el amor, la empatía, la felicidad y el altruismo, cualquier idea.... Pienso que las redes sociales están relacionadas fundamentalmente a la bondad, y creo que el mundo necesita ahora más conexiones".[63]

Información, sensibilización y curación

Además de considerar el valor de la garantía mutua, y de esta forma incrementar su "popularidad", necesitamos vislumbrar la forma de inculcarla a través de la acción. Una posibilidad sería convocar a un gran número de expertos como Christakis, Fowler, bajo una organización coordinadora que consiga que estas ideas se encontraran al alcance de la mano a través del sistema educativo, los medios de comunicación y los canales de entretenimiento popular.

La forma de expresión estará en manos de cada profesional en su campo, al igual que los músicos y cineastas exponen sus ideas hoy en día. Cada persona se conecta a diferentes medios de comunicación, entretenimiento e información. Las personas saben lo que les gusta mirar o leer y a dónde les gusta ir. A algunos les gusta mirar la televisión en su casa, a otros en el gimnasio o en un bar. A otros no les gusta la televisión en absoluto, pero acceden a la información y al entretenimiento a través de Internet. Todo puede seguir igual, pero lo que necesita un cambio *gradual* es el contenido que presentan todos estos medios.

Actualmente, nos presentan una avalancha de información, la mayor parte de la cual ni siquiera estamos conscientes que estamos absorbiendo. Simplemente disfrutamos leyendo o mirando sin pensar demasiado en ello. Sin embargo, dentro de los medios de comunicación, hay individuos que, al igual que los publicistas, implantan diestramente sus ideas en nuestras mentes - tal como que una marca es mejor que la otra, o que si no poseemos el artículo más novedoso en el mercado nuestras vidas no merecerán llamarse "vida". A pesar de que estas ideas son falsas, penetran en nuestra mente, clavándose en nuestros pensamientos hasta que los complacemos adquiriendo el objeto publicitado.

Ahora, consideremos qué sucedería si se implantara en nuestras mentes la idea de que todos estamos interconectados, y que dañar a los demás sería lo mismo que dañarse a uno mismo. ¿Cómo sería el mundo si siguiera el lema: "Si no eres bueno, no eres nada bueno"?

Pero no sólo los medios necesitan transformarse. Si las escuelas imparten "cursos de conectividad", si pueden especializarnos en "interconectividad práctica" en la universidad, o ser instructores de "desempeño social en un grupo" para individuos y personal de empresas, surgirá una atmósfera social completamente nueva, una novedosa resonancia de conexión. En pocos meses, la gente sentirá que hay una alternativa genuina al egocentrismo - que ofrece un valor mayor a menor costo.

Todo cambiará. En lugar de dar órdenes a los demás, el intercambio de ideas será el camino para conectar a los colaboradores y colegas en la escuela. Los exámenes personales en los colegios y universidades se volverán obsoletos pues la capacidad de una persona no dependerá de qué tanto puede memorizar respuestas. En lugar de eso, el valor de la persona será un reflejo de la medida de su conexión, el nivel en que ha desarrollado canales de información. En tal situación, un examen personal será irrelevante; una tarea de grupo será un medio mucho más apropiado de evaluación.

Además de los cambios en el trabajo o la escuela, nuestra vida social se verá transformada. Cuando la conectividad constituya la clave de nuestro éxito y felicidad, cultivaremos nuestras conexiones que no sólo se llevarán a cabo en el lugar de trabajo, sino en gran medida durante las horas "fuera de servicio". Como resultado, salir en grupo, relacionarse, jugar y debatir se volverán más populares debido a que no tendrán un simple valor recreativo, sino que serán consideradas como una contribución a *toda* nuestra vida.

También en el trabajo, la atmósfera será mucho más amistosa pues relacionarse con los demás será una herramienta para nuestro progreso personal y profesional. Por otra parte, el valor que le daremos a nuestra interdependencia y a la importancia de las conexiones sociales positivas disminuirá la frecuencia de comportamientos desleales o injustos en el trabajo. Como lo menciona Christakis en la conferencia referida anteriormente, "Si con frecuencia te tratara con violencia o te provocara tristeza cortarías los lazos que nos unen y la red se desintegraría". El resultado sería contraproducente para nuestro avance personal y profesional.

El concepto fundamental es simple: Todos estamos interconectados, por lo tanto, somos interdependientes. Por consiguiente, debemos resolver nuestros problemas según el espíritu de la garantía mutua, donde todos somos garantes del bienestar de cada uno de los demás.

Si por ejemplo una compañía decide que necesita mejorar su rendimiento comercial dentro de un mundo globalizado, la empresa solicitará los servicios de un asesor de garantía mutua para capacitar a su personal (patrones y empleados por igual), con el propósito de que trabajen y piensen "como una compañía" en un mundo interconectado. Los resultados que alcanzarán serán: óptimas conexiones interpersonales, flujo eficiente de información en toda la empresa, mayor grado de confianza en todos los niveles, un examen más profundo de cada etapa en el diseño y producción de artículos, generando de este modo productos de excelente calidad que vendrán a enriquecer las relaciones con el cliente.

Empleo y capacitación

«La ciencia nunca podrá descubrir un sistema mejor de comunicación entre oficinas que la pausa para el café".

Atribuida a Earl Wilson

La necesidad de cultivar nuevas conexiones en la sociedad humana nos ayudará a hacerle frente incluso al creciente problema del desempleo global. Los directores de la Organización para la Cooperación y Desarrollo Económico (OCDE) y la Organización Internacional del Trabajo (OIT) declararon recientemente que, "El número total de desempleados sigue siendo de 200 millones en todo el mundo, cercano al máximo registrado durante la época más intensa de la Gran Recesión".[64] Incluso en los países del G20 prevaleció la advertencia de que, "El análisis indica la preocupación sobre que el desempleo pueda seguir creciendo hasta finales del año 2012, dando como resultando un déficit de empleos de 40 millones en los países del G20 el próximo año (2012) y mucho mayor en 2015".

Según el *Huffington Post*, "La tasa de desempleo en España aumentó considerablemente para alcanzar un nuevo récord en la Eurozona del 21.3% durante el primer cuarto del año 2012, con 4.9 millones de personas desempleadas",[65] y la Oficina de Estadísticas Laborales de Estados Unidos reportó que la tasa actual de desempleo en Estados Unidos es del 8.6%, con 13.3 millones de individuos sin trabajo".[66]

Sin embargo, las cifras más alarmantes y más volátiles en el aspecto social, son las tasas de desempleo de los jóvenes, no sólo en la Eurozona, en particular en España y Grecia, sino también en Estados Unidos. Una noticia del 22 de diciembre de 2011 de Félix Salmon para Reuters informa que, "España y Grecia tienen un desempleo juvenil casi inimaginable, cuya tasa es cercana al 50%, pero también en Irlanda la tasa de desempleo juvenil ha traspuesto los límites desde la crisis, pasando de un 10% hasta llegar por encima del 30%".[67]

Con respecto a Estados Unidos, la historia continúa, "Lo que hay que destacar aquí no es sólo el nivel absoluto -el desempleo juvenil del 18.1%, y para las personas de color del 31%- sino también la tendencia aguda hacia el alza pasando de apenas el 10% en 2007 a más del 18% en 2010.

Sin manifestarlo explícitamente, el informe ofrece una sombría comparación cuyo significado es claro como el cristal: "Estados Unidos se encuentra exactamente en la misma situación que el Medio Oriente la cual provocó la Primavera Árabe. Estamos por debajo de Egipto y Túnez, pero por arriba de Marruecos y Siria".

Los jóvenes educados sienten que han pasado sus mejores años esforzándose (gastando recursos de sus padres) y preparándose para un mundo que ya no existe. Este cálculo no es sólo un mal presentimiento. En su libro, *The Brave New World*, el Profesor Ulrich Beck, uno de los principales sociólogos de Europa, explica que, "La sociedad del trabajo está llegando a su fin a medida que las tecnologías inteligentes eliminan cada vez a más personas. Para nuestros colegas de finales del Siglo XXI, la lucha actual por un puesto de trabajo se parecerá a una lucha por los divanes en el *Titanic*. El 'trabajo de por vida' ha desaparecido... y todo trabajo remunerado está sujeto a la amenaza del despido".[68]

Lo queramos o no, la crisis conducirá a la reducción de las industrias superfluas y al reconocimiento de que la mayoría de la población mundial sencillamente no es necesaria en el mercado de trabajo. Sin embargo, si la gente no está trabajando ahora y no trabajará en el futuro, ¿qué hará?, ¿cómo vivirá? Y si el gobierno o alguna otra agencia establecen un seguro de desempleo, ¿estar ociosos todo el día no los destruirá mental y emocionalmente? Esta situación puede resultar explosiva para cualquier sociedad, una constante causa de malestar, desorden y crimen.

La solución para el ocio humano será que la gente vuelva a la escuela. Sin embargo, no se tratará de la escuela secundaria, ni una universidad, ni siquiera una educación para adultos con la que estemos familiarizados. Será una "escuela de globalización para ciudadanos en el mundo interconectado". Los estudios en esa escuela no tendrán ningún costo sino que por el contrario, la escuela subvencionará a los participantes con becas, tal como lo hacen las universidades. El estado financiará las becas con el dinero que se ahorrará al recortar la fuerza de trabajo del servicio público, dado que las prestaciones por desempleo le costarán menos al Estado que sostener a las personas empleadas en un desempleo oculto.

Además, la consciencia cada vez mayor de nuestra interconectividad creará una atmósfera propicia para que los que "tienen" compartan algo de lo que poseen con los que "no tienen". También es probable que se aplique un cierto ajuste en los impuestos, incluso si ello signifique una recaudación de impuestos reales, en lugar de que los ricos los evadan a través de los huecos contables. Nuevamente, todos estos cambios deben suceder *voluntariamente*, en cuanto la gran mayoría de la sociedad reconozca nuestra interconexión e interdependencia y *desee* vivir en consecuencia.

Compartir no tiene porqué significar un desembolso de dinero: se pueden ofrecer en renta casas de bajo costo, reducir los márgenes de ganancia en productos de primera necesidad para ayudar a las personas con menores ingresos, y muchos otros medios a través de los cuales cualquier persona podría mostrar su apoyo a la sociedad.

El motivo por el cual el pago de la participación en la Escuela de Globalización será considerado como una subvención y no como ayuda de desempleo es que esta prestación puede tener una carga social negativa, mientras que las subvenciones se perciben como positivas. Es muy importante que los estudiantes en la nueva escuela sientan confianza e incluso estén orgullosos de estar allí. Esto los hará mucho más receptivos al material que se les enseñe.

En la Escuela de Globalización, las personas aprenderán a interactuar en un mundo que se ha convertido en interconectado, y por lo mismo dependen unos de otros para su sustento. Aprenderán acerca del proceso de la evolución tal como fue planteado anteriormente en este libro, la necesidad de adaptar a la sociedad humana a este proceso, la conveniencia de avenirse y los daños que provocaría retrasar estos ajustes. La gente aprenderá el valor de la comunicación, y las nuevas maneras de comunicarse; adquirirá conocimientos prácticos sobre cómo sería la economía doméstica y la comunicación interpersonal, así como otras enseñanzas necesarias en tiempos de cambios rápidos.

Debido a que la gente tendrá mucho más tiempo libre, podrá utilizarlo para adquirir nuevas habilidades. Esta capacitación se impartirá dentro de la escuela, pero será muy útil más adelante, pues otorgará a los individuos una gama amplia de oportunidades para conseguir un empleo

- así como la posibilidad de relacionarse con gente nueva, abriendo caminos para contribuir a la sociedad.

Cualquier destreza que tenga su propio mérito, ya sea en el ámbito de la agricultura o en la programación de computadoras, será tan útil en el futuro como lo es hoy en día. Debido a que el sustento de la gente no dependerá de su capacidad para vender sus productos, podrán concentrarse en el desarrollo de lo que es realmente necesario y útil. Se fabricarán productos que estén hechos para durar, en lugar de aquellos con una obsolescencia planificada, destinados a promover el gasto más allá de lo que se debe o lo que nos gustaría.

Las personas tendrán tiempo para relacionarse. Asistirán a la escuela o al trabajo, pero habrá más tiempo libre que en la actualidad y la gente lo utilizará para interactuar, como lo planteamos antes en este capítulo. Relacionarse no será un objetivo en sí mismo, sino un medio de enriquecimiento, una ayuda para el aprendizaje, la oportunidad de comprender nuevos campos de conocimiento, nuevas profundidades del pensamiento, o simplemente para fortalecer la confianza en nosotros mismos al tener más amigos (amigos reales, no amigos de Facebook).

Mirando hacia el futuro, dentro de algunos años la vida será muy diferente. En la actualidad la gente se encuentra bajo tanta presión que apenas si tiene tiempo para respirar. Vivimos como hámsters corriendo dentro de una rueda que gira cada vez a mayor velocidad. Pero en el momento en que la industria se contraiga y no necesitemos trabajar tantas horas, tendremos más tiempo libre para cultivar nuestros intereses o nuestras relaciones sociales. Es entonces que experimentaremos un crecimiento real y seremos más felices.

En su columna de *The New York Times, La tierra está llena,*[69] Thomas Friedman, autor de *El mundo es plano: Una breve historia del Siglo XXI,* habla del libro de Paul Gilding, *La gran ruptura: por qué la crisis climática causará el final de las compras y el nacimiento de un nuevo mundo.* Friedman cita a Gilding diciendo: "Si talas más árboles de los que crecen, te quedarás sin árboles". "Cuando nos caiga encima el impacto de la inminente ruptura -escribe Gilding-, nuestra respuesta será proporcionalmente dramática, y nos movilizaremos como lo haríamos en tiempos de guerra. Nos transformaremos a una velocidad y de tal forma que apenas si podemos imaginarlo hoy. Daremos un giro completo a nuestra economía, incluyendo la energía y los sistemas de transporte, en tan sólo unas cuantas décadas".

Friedman explica que según Gilding, nos daremos cuenta de que el modelo de crecimiento impulsado por el consumo se ha agotado. Deberemos cambiar a un modelo de crecimiento movido por la plenitud, que estará basado en que las personas trabajen menos y tengan menos posesiones. Gilding pregunta: "¿Cuántos individuos yacen en su lecho de muerte y murmuran 'desearía haber trabajado más para incrementar el valor de las acciones', y cuánta dice 'quisiera haber asistido a más juegos de pelota con mis hijos, haber leído junto con ellos más libros, y haber disfrutado de largas caminatas'? Para lograrlo, necesitamos un modelo de crecimiento basado en darle a la gente más tiempo para disfrutar de la vida y una necesidad menor de objetos materiales".

Los principios de la educación

«Reparar el mundo significa reparar la educación».[70]

Janusz Korcsak, educador

Hasta ahora hemos hablado acerca de la sociedad adulta en general y de la educación del adulto en particular. Sin embargo, a largo plazo, nuestro futuro depende de cómo educaremos a nuestros hijos, no a nosotros mismos. Por este motivo, parece apropiado presentar algunos de los fundamentos de la educación a los niños y jóvenes en el nuevo mundo.

Ante todo está la escuela. La finalidad de la escuela dentro de un nuevo mundo no es simplemente impartir conocimientos para que el niño apruebe un examen. Más bien, la escuela debe formar a los niños para convertirlos en seres humanos, o mejor aún, *humanitarios*. Los niños deben recibir una educación que corresponda al modelo del mundo en el cual vivirán cuando se conviertan en adultos. Se les deben dar las herramientas para ser personas conectadas, que sepan comunicarse; que es lo que aspiramos enseñar para que sean adultos capaces de crear relaciones genuinas y duraderas dentro del marco de la garantía mutua. Esto se logrará mediante la creación de un ambiente favorable a las relaciones sociales en la escuela y -lo más importante- un ambiente en favor de la escuela dentro de casa.

En lugar de enseñar cómo ser el mejor alumno de su clase, el niño necesita que le enseñan a construir una sociedad en la que las personas estén conectadas entre sí, en un ambiente de amistad e igualdad. Pueden empezar, por ejemplo, sentándose en un círculo, en lugar de sentarse en filas en pupitres separados. A través del juego se les puede enseñar el poder y el sentido de pertenencia que ofrece este modo de estudio.

El concepto del aprendizaje social, en lugar del aprendizaje individual, no es una noción teórica. Se ha experimentado en numerosas oportunidades con repetido éxito, hasta tal punto que cabría preguntarse porqué hemos hecho caso omiso de sus obvias bondades durante tanto tiempo.

En un ensayo titulado *Psicología Educativa, una historia de éxito: teoría de la interdependencia social y el aprendizaje cooperativo*, los profesores de la Universidad de Minnesota, David W. Johnson y Roger T. Johnson presentan un impactante caso sobre la teoría de la "interdependencia social". Según sus palabras, "Más de 1.200 estudios de investigación han sido realizados durante las últimas once décadas sobre los esfuerzos cooperativos, competitivos e individualistas".[71]

Johnson y Johnson compararon la efectividad del aprendizaje cooperativo con respecto al aprendizaje individual y competitivo utilizado normalmente. Los resultados fueron inequívocos. En lo relativo al compromiso individual y responsabilidad personal, concluyeron, "La interdependencia positiva que vincula a los miembros de un grupo se postula para propiciar sentimientos de responsabilidad para: (a) llevar a buen término nuestra participación en el trabajo; y (b) facilitar el trabajo de los otros miembros del grupo".

Además, cuando el rendimiento de una persona afecta los resultados de los colaboradores, la persona se siente responsable del bienestar de ellos como si fuera el suyo propio. El fracaso personal es malo, pero defraudar a los demás además de a sí mismo es todavía peor".[72]

En otras palabras, la interdependencia positiva convierte a los individualistas en personas dedicadas y cooperativas, que es completamente opuesto a la tendencia actual en la que el individualismo excesivo alcanza el nivel de narcisismo.

Para demostrar los beneficios de la colaboración, los investigadores midieron los logros de los estudiantes que cooperaron, comparados con los que compitieron. "Se descubrió que el promedio al que llegó la persona que coopera alcanzó alrededor de dos tercios de una desviación estándar, por encima del promedio de una persona que se desempeña en una situación competitiva o individualista".[73]

Para comprender el significado de dicha desviación por encima del promedio, consideremos que si un niño es un estudiante con un promedio de -D, al cooperar, su calificación brincará a un asombroso promedio de +A. También escribieron, "La colaboración, cuando se la compara con los esfuerzos competitivos e individualistas, tiende a promover una mayor retención a largo plazo, una mayor motivación intrínseca y expectativas de éxitos, pensamientos más creativos y actitudes más positivas hacia las tareas y la escuela".[74]

En el aprendizaje cooperativo, el rol del maestro no es dictar el material, sino sobre todo, guiar al niño que debe percibir a su maestro como un amigo adulto, así como también a un experto. Los maestros y los estudiantes deben sentarse juntos en un círculo, a la misma altura, y discutir como iguales. Aquí, la superioridad y el control son reemplazados por una guía sutil para ayudar a los niños a descubrir las cosas por sí mismos, por medio de la deliberación o los esfuerzos del grupo.

Los niños aprenden a deliberar, a compartir puntos de vista y discutir, al mismo tiempo que se respetan por sus méritos y singularidad personal. Esto le permite a cada uno de ellos expresar sus pensamientos libremente y revelar cada una de las cualidades especiales de cada estudiante. De este modo, el niño ampliará su visión del mundo y absorberá nuevas ideas y perspectivas.

Al repetir este modo de aprendizaje, los niños aprenden a apreciar la conexión entre ellos como el recurso más importante, dado que esto les garantiza todo el conocimiento y el poder que poseen. Comienzan a disfrutar sólo alcanzando el éxito junto con los demás, y el valor de cada persona se mide no por la excelencia individual, sino por la contribución de su excelencia al éxito del grupo.

Los grupos de estudio serán relativamente pequeños, y a cada grupo se unirán uno o dos chicos, dos o tres años mayores que ellos. Los jóvenes de más edad actuarán como instructores. Debido a que la inclinación natural del niño es imitar a los más grandes, estos jóvenes instructores serán en realidad los mejores maestros, dado que los estudiantes tratarán naturalmente de imitarlos. Los chicos mayores que enseñan tienen también mucho que ganar - una mayor comprensión del material, una comprensión más profunda de sí mismos, y una oportunidad de contribuir a la sociedad y ganar su aprobación.

La disciplina de los niños será tratada de manera muy diferente que en las escuelas de hoy en día. Cuando haya un caso de mala conducta, los mismos niños, junto con los adultos y los profesionales, decidirán cómo manejar la situación. A los niños se les debe enseñar el pensamiento crítico constructivo, y analizar que los momentos de pequeñas crisis son grandes oportunidades para enseñar este tipo de pensamiento. Si un niño se comporta incorrectamente, la clase se reunirá y discutirá qué se debe hacer en relación a eso, y cómo prevenir que se repita.

La discusión no debe ser un proceso teórico. Por el contrario, los niños (no los involucrados) simularán la situación e informarán a la clase cómo se sintieron, qué los condujo a comportarse de esa forma, etc. Entonces, sostendrán una discusión de grupo en la que todos los niños tomarán parte, para que una vez que se tome una decisión, todos los niños habrán "experimentado" el papel de todos los implicados en el incidente. De ese modo pueden tomar una decisión mucho más justa, de manera compasiva y comprensiva.

Esas discusiones enseñan a los niños a considerar los temas desde ángulos diferentes y saber que es bueno e incluso natural tener muchos puntos de vista sobre el mismo tema. Además, a través de la simulación y el análisis repetido de las ideas desde puntos de vista diversos, los niños aprenden la posibilidad de cambiar su manera de pensar, arrepentirse, admitir errores y justificar los puntos de vista de sus amigos más que los propios.

Al menos una vez por semana, los niños saldrán a paseos y excursiones para ayudarlos a conocer "más de cerca" el mundo en el que viven. Los paseos recomendados incluirán lugares que no se tiene la costumbre de visitar y aprenderán acerca de ellos, como bancos, jefaturas de policía, museos de todo tipo, fábricas y tribunales.

Cada una de esas salidas debe ser precedida por explicaciones acerca del lugar que van a visitar, qué esperan encontrar, lo que ya conocen acerca de ese sitio, el rol que desempeña en sus vidas y cuán bien lo desempeña, cómo beneficia a la sociedad, qué clase de gente trabaja, y qué tipo de entrenamiento y educación se necesita para laborar allí. Más tarde, los niños discutirán y compartirán sus experiencias y enseñanzas sobre la salida, enriqueciéndose mutuamente con sus percepciones.

A través de estas visitas y recorridos los niños llegarán a conocer el mundo de un modo mucho más personal que viéndolo por televisión, de la cual reciben la influencia de la perspectiva que el director desea mostrar. A veces, como en el caso de los museos, los niños no sabrían en absoluto acerca de esos lugares si no fuera por la escuela. Además de aprender acerca del lugar que visitan, conociendo los elementos que afectan sus vidas, llegarán a sentir de primera mano la trama que conecta a la sociedad humana.

Aprenderán que el mundo está integrado y conectado a través de experiencias "prácticas", simplemente mostrando lugares diferentes, sus funciones en nuestras vidas y sus conexiones con otros lugares que afectan su existencia. Esta información es vital para la confianza y preparación del niño para la vida después de la escuela.

Otro importante accesorio de aprendizaje es la cámara de video. Se recomienda que todas las lecciones -que no son "lecciones" sino que son debates y trabajo de grupo- se documenten en video. Los niños se acostumbrarán rápidamente a la presencia de la cámara y se comportarán naturalmente. Reproducir los acontecimientos que requieren atención especial les permite contemplarse desde fuera. Al ver un video de una situación determinada, pueden analizar más claramente cómo trabajaron como grupo, cómo se las arreglaron con las interferencias y cómo se relacionaron unos con otros. En consecuencia, pueden juzgarse a sí mismos y a sus relaciones con los demás y ver dónde tuvieron éxito y dónde necesitan mejorar.[75]

Esfuerzo conjunto para el cambio

«Nosotros no somos extraños de ninguna manera, y estamos ligados a un destino común. Y estos tiempos turbulentos deben ligarnos con más fuerza".

Christine Lagarde, Director Administrativo,
Fondo Monetario Internacional[76]

Todos los cambios que hemos descrito hasta ahora tanto en la sociedad adulta como en la de los jóvenes crearán una nueva atmósfera en nuestro entorno. Como pudimos ver, estos cambios afectarán todos los ámbitos de nuestras vidas - trabajo, familia, amigos, escuelas, sistema judicial, medios de comunicación, relaciones interpersonales, relaciones internacionales, relaciones comerciales, etc.

Curiosamente, no es necesario que toda la sociedad ponga en movimiento esta transformación, sino una cantidad relativamente pequeña de personas. Científicos del prestigioso Instituto Politécnico Rensselaer (IPR) descubrieron que incluso cuando sólo el 10% de la población comparte una convicción o creencia, el resto de la sociedad la adopta. Los modelos matemáticos muestran que hay un salto repentino en la aceptación: debajo del 10 %, el efecto es apenas perceptible, pero una vez que se alcanza la marca del 10%, el punto de vista se esparce como un reguero de pólvora.[77]

Teniendo en cuenta que Internet en general, y las redes sociales en particular, permiten una rápida difusión de las ideas, es suficiente que comencemos a hablar acerca de la necesidad de conectarnos por encima de todas las diferencias, para el futuro de todos nosotros, y hacer un llamado a tanta gente como sea posible para unirse a esta idea. Los científicos del IPR pusieron a Túnez y Egipto como ejemplos de dicho proceso diciendo, "En esos países, los dictadores que estuvieron en el poder durante décadas fueron derrocados repentinamente en apenas unas pocas semanas".

Si lo consideramos, hay probablemente más del 10% de la población mundial que quiere vivir en un mundo más seguro y amistoso que el actual, por lo que las posibilidades de lograr que un 10% de la gente se empeñe en ello, estimulando así el cambio, son mucho más elevadas de lo que podría parecer a primera vista.

Haciendo campaña para nuestras vidas

La garantía mutua es como una esfera que crece conectando los opuestos. Es cierto, somos diferentes en todos los sentidos, y físicamente, en nuestra manera de pensar, hábitos, personalidades. Pero al mismo tiempo, comprendemos que la realidad dictamina que debemos unirnos y trabajar juntos. Una sociedad que proyecte que el mensaje de la garantía mutua es la ley fundamental de la vida logrará que sus integrantes no sólo comprendan este concepto intelectualmente, sino que se esforzarán para aplicarlo en sus vidas cotidianas. Así como una buena publicidad crea interés por un nuevo producto o servicio al punto que sentimos la necesidad de adquirirlo, si creamos un gran entusiasmo alrededor del concepto de la garantía mutua lograremos que la gente sienta que sencillamente tiene que alcanzarla, que desea experimentar este modo de vida.

La construcción sistemática y consistente de una sociedad con una mentalidad global hará que cada uno de nosotros desarrolle una percepción incluyente del mundo. En lugar de "yo" y "ellos", comenzaremos a ver la realidad como "nosotros" o "todos nosotros". Cambiaremos el deseo personal de gratificación por el deseo de gratificación de la generalidad de la población. Se expandirán nuestros puntos de vista de personales a colectivos y surgirán nuevas percepciones dentro de nosotros.

«La multiplicidad es solo aparente. En verdad, hay una sola mente».

Erwin Schrödinger, físico, uno de los
fundadores de la mecánica quántica[78]

Capítulo 4

Justicia social

«Occidente se enfrenta al desafío de ofrecer no sólo crecimiento, sino un crecimiento inclusivo que fundamentalmente implica una mayor justicia social».

Mohamed A. El-Erian, CEO de PIMCO, y autor de Cuando Colisionan los Mercados79

El malestar social del 2011 presentó un serio desafío. Por un lado, es comprensible la exigencia de un nivel de vida decente. Por el otro, los gobiernos no pueden arruinar sus presupuestos si quieren mantener economías funcionales. Estos días en los que prácticamente todo el mundo está en una profunda crisis económica, cuyo fin no está a la vista, cuando muchos países están en peligro de una insolvencia inminente, es irresponsable incrementar los presupuestos, que ya se encuentran dentro de un profundo déficit. Sin embargo, la gente está exigiendo justicia social y con razón. ¿Entonces, qué deben hacer los gobiernos?

Primero, es importante tener en cuenta que, como dijo Einstein "Los problemas importantes que enfrentamos no podemos resolverlos con el mismo nivel de pensamiento que se utilizamos cuando los creamos".[80]

Boza Schwartz, Director Ejecutivo de la delegación del Banco Alemán en Israel, dijo en un panel especial convocado por el diario financiero israelí *Globes*, "No debemos subestimar las intensas emociones sociales que estamos viendo. Estas emociones tendrán vastas repercusiones en los años venideros. Debemos prepararnos para un mundo de conceptos sociales, de una distribución equitativa de los ingresos, una fijación de precios diferente... Los países que fracasen en aplicar los ajustes correspondientes se hallarán en una difícil situación; sus economías sufrirán".[81]

También debemos tener en cuenta que la economía refleja la naturaleza de nuestras relaciones mutuas, que luego se "traduce" en relaciones monetarias. La división de los recursos en la sociedad y la ideología socioeconómica en su instauración deriva de los valores de la sociedad y de las relaciones entre sus miembros. Es por esta razón que la economía no es una ley natural o una ciencia exacta como la física o la química.

Esta es la razón por la que Joseph Stiglitz, ganador del Premio Nobel en economía, dijo al comienzo de su discurso en el encuentro de los laureados del Premio Nobel en Ciencias Económicas en Lindau en el año 2011: "La prueba de cualquier ciencia es la predicción. Y si no podemos predecir algo tan importante como la crisis financiera global o la magnitud por la que estamos atravesando, obviamente algo está mal con el modelo".[82]

Asimismo, el gobernador del Banco de Israel y ex primer subdirector del Fondo Monetario Internacional (FMI), Stanley Fischer, dijo en una entrevista en video al periodista en economía de la CNBC, Steve Liesman, "Estamos en un territorio muy difícil. No es aquí donde los libros de texto de hace cinco años esperaban que estuviéramos. Estamos operando en condiciones extremas y los libros de texto no están muy seguros de qué hacer en estos casos".[83]

Cuando avancemos hacia los cambios sociales, comunicativos y educativos descritos en el capítulo anterior, seremos capaces de construir un nuevo e inclusivo concepto de la economía, que esté basado en la preocupación social y en sincronización con las leyes del nuevo mundo. El proceso de la toma de decisiones y su realización, la estructura del sistema socioeconómico, los enlaces entre los dirigentes y los que ejecutan sus decisiones funcionarán en el sentido de garantía mutua.

En otras palabras, el orden correcto de operaciones para garantizar nuestro bienestar perdurable comienza con una explicación de la necesidad de la garantía mutua, con una educación para vivir en el nuevo mundo. Los sistemas sociales y económicos serán redefinidos y reconstruidos basados en esa necesidad. Mientras tanto, hasta que se proporcionen esas definiciones y se lleve a cabo la reconstrucción, debemos dirigir discusiones del tipo mesa redonda, en la que todos los participantes tengan el mismo nivel, y que unidos se pongan de acuerdo sobre el tipo de asistencia que requieren los menos favorecidos para la subsistencia básica.

Vamos a definir cómo lograr el acuerdo por medio de discusiones en la mesa redonda en determinado momento, pero primero es importante tener presente que esa división de fondos no será suficiente en y por sí misma para asegurar nuestro bienestar. Considerar el bienestar de los demás significa otorgar a todas las personas una capacidad mínima para llevar una vida respetable. Estos fondos, junto con la capacitación en el manejo de la economía doméstica, nos permitirán continuar con el proceso de curación de la sociedad.

Alcanzar el acuerdo

Los representantes de todos los sectores de la sociedad deben unirse a los debates de la mesa redonda. Tendrán una pesada carga de responsabilidad, actuando como "cabezas" de la familia humana. Sin el sentido de que toda la humanidad es una sola familia, los representantes en la mesa no tendrán éxito al tomar decisiones justas.

Otra condición necesaria para el éxito de los debates será la transparencia. Todas las deliberaciones deben transmitirse en vivo, incluyendo los altercados, disputas y el difícil proceso de la toma de decisiones. Todo debe desplegarse ante los ojos de todo el mundo. En cierto sentido, será una nueva especie de "reality show", cuyas consecuencias afectarán a cada uno de nosotros, todos los miembros de la familia humana. Y como en un reality show, los espectadores tendrán voz y voto en las decisiones finales.

Dentro de esa realidad, los espectadores -todos nosotros-, también estaremos sentados ante la mesa. La gente tiene que decidir sobre las prioridades. Este será un proceso prolongado que requerirá la participación y la intervención de cada uno. Evidentemente, éste no será un ejercicio sencillo, pero debido a que estamos reconstruyendo nuestra sociedad desde cero, no habrá otro camino. Sólo cuando incluyamos a toda la familia humana en las decisiones seremos capaces de considerarnos una verdadera familia.

Los estudios indican que cuando un individuo está involucrado en el proceso de la toma de decisiones, su participación provoca una actitud positiva, interesada en ese proceso, cualquiera sea la decisión que se alcance. En otras palabras, aunque la decisión final beneficie a otros sectores de la sociedad antes que al propio, la gente que estuvo involucrada en tomar la decisión muy probablemente la apoye, incluso si inicialmente no la aprobara.[84] De este modo, la sensación de que los dirigentes, que están sujetos a un grupo de presión, ignoran a los ciudadanos, será reemplazada por un sentimiento de solidaridad social y confianza.

De hecho, el *modus operandi* de las mesas redondas deberá ser el modelo de acción en todas nuestras decisiones. Debe formar parte del paradigma de la gestión de la sociedad y del estado. En el transcurso de nuestras vidas, a menudo habremos tenido discusiones frecuentes acerca de nuestros problemas, ponderándolos, evaluándolos, priorizándolos y decidiendo juntos cómo resolverlos. La mesa redonda es un medio perfecto para enseñarnos cómo llegar a ser verdaderamente una sola familia.

Sin embargo, y esto es importante, ver a cada uno -a nivel de ciudad, estado o mundo- como una sola familia no significa que debemos renunciar a nuestros puntos de vista. Por el contrario, todos los puntos de vista y enfoques tienen un mérito. El reconocimiento de que todos somos una familia establece que comprendemos que los demás con sus puntos de vista diferentes también tienen un lugar en la familia. Pero más allá de eso, debemos considerar los diferentes puntos de vista como una constante fuente de enriquecimiento. Estos proporcionan nuevas perspectivas, nuevos enfoques para la solución de problemas, y nueva información que no podríamos haber llegado a conocer si no fuera por los puntos de vista diferentes a los nuestros.

Elevar el valor del beneficio público nos ayudará a renunciar a nuestros propios criterios cuando sea necesario. Una vez que presentamos nuestros criterios, y luego reconozcamos que el de los demás sirve mejor al interés público, aceptaremos el otro criterio. Precisamente como en una familia, el interés colectivo le resta valor a todo lo demás. En efecto, ¿por qué el mundo no puede ser como una familia? ¿No es este el significado de la verdadera justicia social? ¿Existe otro modo de alcanzarla y mantenerla?

El inicio de esta nueva visión del mundo probablemente no será un asunto fácil. Las diferencias y los obstáculos son de esperarse. No obstante, como nosotros vemos ese proceso a través de la adquisición de un consenso genuino, aprenderemos que abrir la discusión nos permite trabajar el lado de nuestras diferencias y lograr llegar a un amplio acuerdo. De hecho, la mesa redonda no es simplemente un concepto de discusión abierta entre iguales. También es el proceso educativo a nivel nacional e internacional de un alcance sin precedentes.

Los beneficios de la garantía mutua

Como se ha explicado anteriormente, el nuevo mundo impone que adoptemos el método de la garantía mutua. A primera vista, la garantía mutua puede parecer un concepto ingenuo, poco práctico en la vida real. Sin embargo, la implementación del método de la garantía mutua tiene implicaciones muy reales en la sociedad y en la economía. Más adelante, mencionaremos las implicaciones más obvias: un clima social positivo, mayores excedentes, y disminución del costo de vida. En el Apéndice, *Beneficios de la nueva economía*, hallaremos una explicación detallada de las incidencias favorables de la garantía mutua en la economía.

1. **Un clima social positivo:** Nuestro compromiso con los valores sociales positivos creará un

ambiente positivo, que es obligatorio para cualquier crecimiento. Una nueva corriente llenará el aire y el corazón se llenará de esperanza por un futuro más brillante. Con una sociedad que alienta valores tales como la solidaridad y la consideración mutua, se formará gradualmente entre nosotros un genuino sentido de confianza. Esa sensación no depende de nuestra riqueza personal, sino más bien de saber que los demás se preocupan por nosotros. Sólo en un ambiente de apoyo así podemos dejar de pensar que somos utilizados, o que los demás "van a aprovecharse de nosotros". Cuando haya desaparecido el miedo y la ansiedad por nuestro futuro y el de nuestros hijos, seremos capaces de crecer y prosperar realmente.

2. **Aumento de los excedentes:** La garantía mutua aumentará los excedentes. Consideremos cuántas "cosas" tenemos en casa que no necesitamos. Cuando cada persona, negocio, municipio, y gobierno se sienta parte de una "familia" colectiva, saldrán a la superficie enormes excedentes en alimentos, bienes y servicios que podrán transferirse a otras personas y los excedentes monetarios se utilizarán para cubrir algunas de las exigencias corrientes. Esto aliviará significativamente la necesidad de aumentar los presupuestos o los impuestos.

Otro punto es que los municipios dejarán de luchar por los fondos públicos pues la mentalidad de "yo cuido mis intereses porque nadie más lo hará" será obsoleta, ya que cada uno se sentirá responsable por el bienestar de los demás. Por consiguiente, los municipios no pedirán más de lo que necesitan y no mantendrán reservas en "rincones ocultos" del presupuesto por medio de contabilidades ficticias. En lugar de ello, considerarán cómo ayudarse mutuamente, y en consecuencia habrá grandes recursos disponibles.

3. **Disminución del costo de vida:** Hoy en día, el precio de los bienes y servicios está determinado por los comercios que aspiran a maximizar sus propias utilidades. Elevar la importancia de la garantía mutua en el debate público obligará a estos comercios a tomar en cuenta el interés público, lo que redundará en la disminución de los precios.

   Si se niega el reconocimiento público a los que ganaron más dinero y se otorga a aquellos que contribuyeron a la sociedad, el deseo natural de aprobación hará que los comerciantes actúen favorablemente hacia ella.

En su relato, *Porqué hacer el bien es bueno para los negocios*,[85] Richard McGill Murphy, columnista de *CNN Money*, habla del caso del gigante farmacéutico Pfizer que donó medicamentos. Esta historia demuestra el efecto positivo que la aprobación o reprobación del público puede tener sobre los negocios. Según McGill Murphy, "Debido a que el desempleo subió hasta un 10% durante el año (2009), el gigante farmacéutico Pfizer decidió realizar una buena acción. A los clientes que habían perdido sus empleos durante 2009, y por ende la cobertura de seguro de gastos médicos, Pfizer suministraría setenta de sus medicamentos sin cargo, durante un año. Para una compañía cuya reputación ha sufrido algunos reveses, incluyendo 2.300 millones en multas durante el último año por comercialización inadecuada de medicinas a los doctores, el programa de medicamentos gratuitos bien valió el costo. 'Lo hicimos porque pensamos que era lo correcto' -dijo el jefe ejecutivo de Pfizer, Jeffrey Kindler-, 'pero motivó a nuestros empleados y recibió una gran respuesta de los clientes. A la larga beneficiará nuestro negocio.'"

Todo lo anterior es la evidencia de que la garantía mutua no es una noción abstracta, sino un concepto muy concreto que produce ingresos sustanciales para todos. La garantía mutua crea un valor social y económico, y es la clave para nuestros problemas a nivel social, económico y político.

Cuando existe una evidencia de desigualdad, surge la demanda de justicia social. Nuestros egos nunca nos permitirán sentirnos inferiores a los otros, sufrir por falta de respeto, por humillaciones o desprecio. Este dolor no puede resolverse sólo con dinero; requiere un enfoque más humano e inclusivo. Si no construimos una sociedad en la que todos sean igualmente importantes, donde todos escuchen sinceramente lo que los otros tienen que decir y se preocupen por ellos, donde cada uno tenga realmente las mismas oportunidades para llevar una vida digna, la amargura interior explotará, como lo ha demostrado el sangriento ejemplo de la Primavera Árabe.

Nuestro futuro está en juego, y la solución radica en cambiar nuestros valores sociales y sanar nuestras relaciones con los demás, tanto a nivel personal, como entre los ciudadanos y el estado. La metodología de la garantía mutua nos conducirá hacia una verdadera justicia social, y por consiguiente es la clave para nuestra sostenibilidad y prosperidad. La garantía mutua no sólo nos traerá seguridad económica y financiera renovando nuestra confianza en la vida, sino también la paz mental y la felicidad que ha estado ausente de nuestro mundo durante tantas décadas.

Parte 2

Construyendo una nueva sociedad – puntos a considerar

Resumen y nuevas perspectivas sobre los principios presentados en la Parte 1

Crisis y oportunidad

Nuevas leyes

Imagine que va manejando su auto cuando de pronto éste comienza a ahogarse y a vibrar. Al principio, parece que es sólo un sistema que ha dejado de funcionar, pero luego le sigue otro y otro más. El auto no se ha apagado, los sistemas principales, como el motor y la caja de velocidades aún funcionan, pero las luces se prenden y se apagan intermitentemente, y el auto tironea hasta que se detiene. Luego, milagrosamente, el desfallecido motor se vuelve a encender. Sí, aún cuando continúa avanzando las probabilidades de que continúe funcionando no son buenas. Si esto le sucediera, ¿qué haría?

Del mismo modo, todo nuestro mundo está dejando gradualmente de funcionar. Hay averías por todos lados, pero nosotros continuamos avanzando inconscientemente, a pesar de las advertencias de los expertos. Ellos nos dicen que, en la situación actual, debemos hacer una revisión completa o toda la maquinaría de la humanidad llegará a una paralización total, a un costo enorme. Si la economía continúa deteriorándose, los cerca de 50 millones de norteamericanos que viven con cupones alimenticios se multiplicarán sin freno, y muchos otros sufrirán hambre verdaderamente en todo el mundo, y no sólo en los países más pobres, como en la actualidad.

La crisis que está sacudiendo al planeta es la manera en que la realidad nos informa que no lo estamos operando correctamente. Hemos construido un sistema de bancos, industrias y relaciones internacionales que se ha salido de control. Estamos aprendiendo que los principios Keynesianos del interés propio incrustado y la mano invisible ya no mantienen nuestro egoísmo a raya. Estamos destruyendo nuestro planeta así como también nuestra sociedad como un cáncer que se extiende.

No hay adónde ir

En una crisis económica global, cada país tiende a pensar "¡Qué bueno sería si pudiéramos separarnos del resto del mundo, tener provistas todas nuestras necesidades para el sustento de nuestros ciudadanos y ser completamente autosuficientes, como lo fuimos hace cientos de años! ¿Por qué no giramos la rueda hacia atrás, establecemos aranceles altos para impedir la importación, comerciamos con otros países sólo cuando no podamos proveernos y congelamos todas las asociaciones comerciales con empresas extranjeras? Sí, el nivel de vida puede disminuir, pero seríamos mucho menos dependientes de los demás".

No comprendemos que no hay marcha atrás desde la globalización. Ya no podemos separarnos del resto del mundo. La globalización y la interdependencia están aquí para quedarse. Aislarnos sería como amputar un órgano de un cuerpo viviente para salvarlo de una enfermedad que aqueja al resto del organismo. ¿Si usted cercenara un dedo, sobreviviría sin el cuerpo del que proviene?

Un boomerang

A primera vista, la garantía mutua puede parecer utópica, un concepto demasiado ingenuo para funcionar en nuestro mundo egocéntrico. ¡Pero de hecho, la vida nos está obligando a adoptarla!

A lo largo de la historia hemos progresado actuando a través de los impulsos que surgían en nuestro interior. Constantemente sentíamos una necesidad de hacer algo para cambiar el *status quo*. Emprendimos guerras, peleamos en revoluciones y nos rebelamos. Hemos avanzado y crecido a través de conflictos y luchas, pero el precio que pagamos es la destrucción.

Hoy en día, que somos interdependientes, las guerras y luchas no resolverán nuestros problemas. La fuerza bruta no puede corregir a un mundo conectado que no puede funcionar con una mentalidad egoísta propiciada por la opresión y los gobiernos de fuerza. La norma es simple: si somos interdependientes, entonces lo que una persona hace a los demás regresa como un boomerang, así de brusca y poderosamente. Si comprendemos que todos los sistemas conectados funcionan de este modo, tendremos éxito.

Aceleración exponencial

El tiempo parece estar comprimiéndose. En el Siglo XX, la humanidad pasó por más experiencias que en toda la historia humana precedente. El Siglo XXI sólo ha comenzado recientemente y mucho ha acontecido ya.

Estamos viviendo en tiempos exponenciales y en consecuencia el ritmo de la vida se está acelerando. A pesar de que habrá tiempos más agitados y algunos menos, la tendencia es inequívoca. El ritmo del cambio es evidente en todas partes - cambiamos de trabajo con más frecuencia (asumiendo que tengamos uno), cambiamos nuestros cónyuges con más frecuencia (asumiendo que tengamos uno), y cambiamos de casa con más frecuencia (de nuevo, asumiendo que tengamos una).

Pero en la tecnología el ritmo del cambio es absolutamente evidente. Observe su teléfono celular y compárelo con los teléfonos que se usaban hace 40 años. Si considera que un teléfono celular promedio de la actualidad es miles de veces más poderoso que la computadora de Apolo 11 -la nave que aterrizó su módulo espacial en la luna- es fácil ver cuán rápida y radicalmente estamos cambiando.

Una solución común

Las múltiples crisis que enfrenta la humanidad indican que necesitamos contar con un enfoque inclusivo para resolverlas. En un mundo interconectado, no existen los problemas locales. La necesidad de soluciones que favorezcan a toda la humanidad dictará que sea indispensable una deliberación constante entre los representantes de todos los países como iguales. Cada uno presentará los problemas que considere urgentes y luego cada problema será ponderado para determinar en qué orden debe atenderse. Sólo a través de la deliberación dentro de un espíritu de conexión en una red global hallaremos el camino correcto para resolver estos problemas.

La alternativa a la deliberación es mucho menos atractiva - la guerra.

¿Por qué la unión?

Muchos expertos ya comprenden que es imposible que cualquier país supere la crisis global por sí mismo. Sin embargo, el curso evolutivo de la naturaleza, como lo explicamos en el Capítulo 2, plantea otro punto: la cooperación y la colaboración deben realizarse no solamente porque ningún país puede resolver la crisis por su cuenta, sino porque este es el rumbo de toda la evolución. Esta crisis global es una oportunidad para descubrirla y unirnos en un solo organismo, precisamente como lo hace toda la naturaleza de modo natural.

Desarrollo natural

La naturaleza no tolera la falta de equilibrio

La naturaleza no tolera la falta de equilibrio. El clima pasa de más caliente a más frío para equilibrar la temperatura; el viento regula la presión atmosférica; el agua fluye hacia las tierras más bajas para equilibrar el nivel más elevado desde donde fluía. En cada lugar, en cada fenómeno, la naturaleza se esfuerza por mantener el equilibrio.

Otro ejemplo es el mecanismo de control de la temperatura de nuestro cuerpo. Los receptores de la temperatura están dispersos en todo el cuerpo humano y actualizan la información del centro de procesamiento en el cerebro (hipotálamo) sobre cualquier cambio en la atmósfera circundante. Entonces, el cerebro envía órdenes a los efectores tales como las glándulas sudoríparas y músculos, que secretan la transpiración, contrayéndose o tiritando, manteniendo así la temperatura. De este modo, el cuerpo equilibra la temperatura que genera con el calor que pierde, manteniéndolo a una temperatura constante de 37ºC (98.6ºF).

El imperativo de la naturaleza de equilibrar todo está comenzando a afectar a la humanidad. El malestar y las protestas que vemos en todo el mundo son las expresiones de nuestra necesidad de equilibrio a nivel humano. Al mismo tiempo que todos somos diferentes como individuos, el criterio de equilibrio es el mismo para todos nosotros: debemos apoyarnos mutuamente; no hay otro camino. Lo queramos o no, la forma natural triunfará y nosotros tendremos que acatarla. La única pregunta es a qué costo.

Los beneficios de la unidad

En la actualidad, todo lo que hacemos requiere de energía y esfuerzo de nuestra parte. Si estuviéramos en equilibrio, difícilmente haríamos esfuerzo alguno para obtener lo que fuera. En lugar de eso, viviríamos en un estado de tranquilidad, pues a cualquier lugar que fuésemos, todos estarían dispuestos a ayudarnos. A su vez, estaríamos preparados para corresponder. Todo fluiría fácilmente, consumiríamos mucha menos energía y encontraríamos menos obstáculos.

En cada aspecto de la vida, estar en equilibrio despeja la resistencia. Esto se aplica a las relaciones interpersonales, así como también a todo lo que producimos con los recursos naturales. A través de la unidad entre nosotros, llevaremos a la naturaleza a un equilibrio inclusivo y nada faltará. Habrá abundancia en todas partes.

El hambre global no es necesario

Nuestro planeta puede proveer alimentos para una población mayor que la que actualmente existe sobre la

Tierra, a condición de que no interfiramos con ella, y a condición de que nos unamos como los órganos en un sólo organismo.

Más grandes que juguetes

El próximo paso en la evolución no son nuevas especies (aunque eso también puede ocurrir). La etapa nueva y significativa en la evolución es en realidad un cambio en la conciencia humana. En este proceso debemos desarrollar gradualmente nuestra percepción y comprensión; debemos construir el mecanismo de análisis-síntesis de la realidad. Debemos averiguar cómo funciona nuestro planeta, quiénes somos y cuál debería ser nuestro enfoque hacia la vida. Estamos viviendo tiempos especiales. Si tenemos éxito en abrir nuestros ojos, suavizar nuestros corazones y expandir nuestra percepción, seremos capaces de atravesar esta etapa rápida y fácilmente.

Solidaridad social

¿Por qué ellos en mi lugar?

Además de la exigencia por una repartición más equitativa de la riqueza, la gente se siente resentida por las desigualdades, incluyendo la falta de oportunidades iguales. Sin embargo, la verdad es que ningún trato justo ayudará hasta que desarrollemos una percepción social que sostenga la garantía mutua. Favorecer a un sector de la población por encima de otro sólo provocará enojo y resentimiento entre los demás sectores. Sin el modo de pensar de la garantía mutua, las personas que no sean beneficiarias en determinada situación, siempre sentirán resentimiento y se preguntarán, "¿por qué ellos y no yo?"

¿Qué es la Garantía Mutua?

La garantía mutua es una conexión recíproca que requiere que consideremos a cada uno como si fuera nuestro pariente más cercano. Podemos hallar difícil creer que esto sea posible, pero la evolución de la sociedad humana nos conducirá a un estado en el que sentiremos a todo el mundo dentro de nosotros, del mismo modo que sentimos a nuestros parientes cercanos. Percibiremos quién de nosotros necesita ayuda y qué clase de ayuda precisa - ya sea que la necesidad provenga de los padres, ancianos, niños pequeños, erogaciones y pagos inesperados, mala salud, etc. Naturalmente nosotros priorizamos las necesidades de nuestra familia de acuerdo a la urgencia. ¿Podríamos dejar de lado al abuelo enfermo? No si somos una familia normal. El sentido de compromiso, de garantía mutua, nos obliga a ser de ese modo. Así es como debemos enfocar nuestras relaciones con el resto de la humanidad.

¿Qué es la igualdad?

La igualdad es un estado en el que cada uno de nosotros posee las mismas oportunidades y posibilidades personales para expresarse constructivamente en el sistema colectivo; dar y recibir, estar en equilibrio con el resto de la humanidad.

Por ejemplo, el corazón es igual a los pulmones; los pulmones son iguales al hígado; el hígado es igual a los riñones, que son iguales a las piernas, que son iguales a las manos... ¿En qué son iguales? Todos ellos funcionan recíprocamente en beneficio del cuerpo. Sin embargo cada parte del cuerpo se dedica a las diferentes funciones requeridas para el bienestar de todo el organismo. Eso es lo que nos mantiene (al organismo) vivos y saludables.

Del mismo modo, si una persona pertenece a una parte de la humanidad, eso no la hace menos respetable que otra persona de otro lugar. Como ilustración, yo puedo pertenecer al "corazón" de la humanidad y otro pertenecer al "cerebro" de la humanidad, o al "hígado" de la humanidad.

Estas son las condiciones en las que hemos nacido y que fueron predeterminadas para nosotros.

Pero para mantener la salud y bienestar de la humanidad, debemos trabajar juntos como iguales *donde sea que estemos ubicados*, y no considerarnos superiores o inferiores porque estamos ubicados en un lugar y no en otro. Todos hemos nacido de familias diferentes, con diferentes genes y diferentes formaciones. Nuestra visión del mundo puede ser diferente y también podemos sentirnos diferentes unos de otros. Pero si cada uno se siente en armonía con los demás, alcanzaremos la igualdad.

El trabajador de mudanzas, el especialista informático y la igualdad

Supongamos que tenemos dos personas: uno es un fornido trabajador de mudanzas que mide 1.90 metros y trabaja 12 horas por día; el otro es un endeble especialista informático de 1.60 metros. El trabajador de mudanzas gana $15 la hora más propinas y el especialista cuyos muebles ha de mudar hoy, gana $150 por hora, más bonos y prestaciones. ¿Acaso esto es justo?

A uno se le otorgó fuerza, al otro inteligencia. Los dos utilizan lo que les dio la naturaleza con igual diligencia, entonces, ¿por qué uno debe ganar más que el otro? Los dos contribuyen con lo que pueden y lo realizan sirviendo así a la sociedad, por lo tanto en su contribución, son iguales. ¿Por qué esto no se aplica a sus salarios?

Cambiemos un poco la descripción. ¿Qué pasaría si el trabajador de mudanzas y el especialista fueran hermanos? ¿El especialista haría aún caso omiso de las dificultades financieras de su hermano? Más aún, ¿qué pasaría si el especialista fuera el padre del trabajador de mudanzas? ¿Dejaría que su hijo pasara penurias o indigencia sólo porque no heredó el cerebro de su padre sino un físico robusto?

En la actualidad, pensar que todos somos iguales cuando dedicamos esfuerzos paralelos es lo único que puede mantener intacta nuestra sociedad. El camino hacia ese otro modo de pensar es por medio de la reeducación sistemática hasta que nos hayamos impregnado de esta realidad en la que de hecho somos todos parientes. Una vez que pongamos la garantía mutua en el lugar más alto en nuestra lista de prioridades, descubriremos que el mundo se ha convertido súbitamente en un lugar en donde la vida puede ser fácil y placentera.

Una nueva escala social

¿Qué puede lograr que nosotros, los seres humanos naturalmente egocéntricos, ubiquemos el beneficio público por encima del propio? ¡Sólo la influencia del medio ambiente! Por consiguiente, debemos cambiar nuestros valores sociales para que la gente reciba reconocimiento por su contribución a la sociedad, y no por la cantidad que figura en sus cuentas bancarias. ¿Cuándo será buena la vida en este planeta? Esto sucederá cuando no pensemos primero en nosotros mismos, sino después de todos los demás.

Apéndice

Publicaciones anteriores del Instituto ARI

Nosotros, Nosotros, Nosotros

Que estamos en el medio de una "crisis global" ya no es una pregunta. Dado que también existe una amplia evidencia de que el término "globalización" incluye más que la correlación entren los mercados financieros globales, se debe considerar dar un significado más preciso del término para expresar la naturaleza interconectada de la sociedad como un todo. Somos "globales" no sólo en el sentido financiero, sino ante todo, en el sentido social, y hasta emocional. Nuestras emociones afectan tan intensamente a las demás personas que pueden iniciar desastres sociales de un país a otro, pasando de un conflicto a otro a través de los cables que conectan la World Wide Web (la red mundial de Internet).

La "Primavera Árabe" se expandió más allá del mundo árabe. En cada país, las causas y las manifestaciones de las protestas tuvieron un "atuendo" diferente. En Egipto, las manifestaciones masivas derrocaron el gobierno. En Siria, la heroica resistencia de la gente contra la masacre es un testimonio del profundo cambio espiritual que ha surgido. Sencillamente, los ciudadanos ya no pueden tolerar la tiranía.

En Israel, las manifestaciones son pacíficas pero de una magnitud sin precedentes. En la manifestación que tuvo lugar el sábado 6 de agosto de 2011, participaron 300.000 personas, aproximadamente uno de cada 22 israelíes. Si uno de cada 22 norteamericanos participara en una manifestación, se requeriría espacio para cerca de 14 millones de personas.

En España, los campamentos de tiendas de campaña de los manifestantes estuvieron en pie durante meses, sin vislumbrarse entonces una solución, ni la dispersión de los residentes del campamento. En el Reino Unido, brotaron violentos disturbios que desconcertaron al Primer Ministro David Cameron, y lo tomaron por sorpresa cuando vacacionaba en Italia. Incluso Chile se colocó en el mapa de protestas con violentas manifestaciones estudiantiles. De acuerdo el informe de la CNN[86] en agosto de 2011 "Más de 60.000 [estudiantes] manifestantes protestaron en Santiago".

Yemen, Libia, y muchos otros países están también en la lista de países donde ha brotado el descontento o están a punto de incorporarse a ella.

Cuando analizamos las crisis en cada país, es fácil ver que las injusticias sociales, económicas y políticas están en el fondo de todas ellas. Sin embargo, estos agravios no son nada nuevo. Han afectado a la humanidad durante miles de años. ¿Por qué, entonces, cada uno protesta específicamente ahora y por qué cada uno está protestando *simultáneamente*?

Las respuestas se encuentran en la estructura y evolución de la naturaleza humana. Como lo ilustran maravillosamente Jean M. Twenge y W. Keith Campbell en *El Narcisismo Epidémico: Viviendo en la Era del Derecho* (Free Press, 2009), la gente en la actualidad no sólo es narcisista y egocéntrica, sino que se está volviendo así a un ritmo cada vez más alarmante.

Como narcisistas que somos, nos colocamos en el centro de todo, y "clasificamos" a cada uno de acuerdo a los beneficios que puede aportarnos. Nos conectamos con el mundo a través de la visión de que tenemos derecho a todo. Sin embargo, precisamente *no es así cómo debemos* funcionar si queremos tener éxito en una era de globalización, en la que el mundo está interconectado y es interdependiente. Para triunfar, debemos sentir deseos de beneficiar a aquellos con los que estamos conectados del mismo modo que buscamos nuestro propio beneficio. Si estamos conectados y somos dependientes unos de otros, entonces si ellos son felices, nosotros también lo seremos. Y si los demás no son felices, nosotros tampoco lo seremos, como fue demostrado por Nicholas A. Christakis, MD, PhD, y James H. Fowler, PhD, en *Conectados: el sorprendente poder de nuestras redes sociales y cómo dan forma a nuestras vidas – cómo los amigos de tus amigos de tus amigos de tus amigos afectan todo lo que sientes, piensas y haces.*

Por consiguiente, la solución está en cambiar nuestro punto de vista desde el derecho propio al derecho de la sociedad, colocando a la sociedad en primer lugar y después a nuestros egos, *para que a la larga nosotros salgamos beneficiados.*

En términos prácticos, esta solución implica tres objetivos:

1. Garantizar los abastecimientos necesarios para cada miembro de la sociedad.

2. Garantizar la continuidad de estos abastecimientos, inculcando valores en favor de la sociedad dentro de la sociedad misma utilizando los medios masivos e internet, enfocándose en las redes sociales.

3. Utilizar nuestra labor a favor de la sociedad para la superación personal y de este modo realizar plenamente el potencial que se encuentra en cada uno de nosotros.

Para alcanzar el **Objetivo 1**, debe establecerse un panel internacional de estadistas, economistas y sociólogos que represente a todas las naciones para diseñar un plan que pueda establecer una economía justa y perdurable. Hay que hacer notar que el término "justa" no se refiere una distribución igual de los fondos o recursos (naturales o humanos). Más bien dentro de una economía justa, ninguna persona sobre la tierra se queda sin atención. De modo que un niño hambriento en Kenia puede no necesitar el último modelo de iPhone, pero indudablemente tiene derecho a una nutrición apropiada, un techo sobre su cabeza, educación, y la asistencia médica que requiera.

Por el contrario, un niño de edad similar en Noruega puede tener el último iPhone, pero aún se siente miserable hasta el punto de atentar contra su vida, o peor aún, contra la de los demás, como lo han mostrado hace poco los acontecimientos en ese país.[87] La angustia en los dos casos es muy diferente pero igual de intensas, y el panel debe abordarlos a ambos, tomando en cuenta lo que dijo el columnista del *New York Times* laureado con el Premio Nobel en el 2008, Paul Krugman, "Todos estamos en el mismo barco".

Conseguir el **Objetivo 2** requiere un cambio de mentalidad. Dado que los medios de comunicación determinan la agenda pública, son los medios los que deben dar el ejemplo hacia la erradicación del egocentrismo. En lugar de la actitud en boga "Yo, yo, yo" cultivada por los medios durante décadas, las nuevas consignas deben ser: "Nosotros, Nosotros, Nosotros", "garantía mutua", y "todos para uno y uno para todos". Si los medios describen los beneficios de la garantía mutua y el daño que produce el enfoque narcisista, naturalmente nos sentiremos atraídos hacia compartir, y el cuidado de los otros, más que hacia la sospecha y el aislamiento en el que vivimos. Si los anuncios comerciales, los comerciales informativos y el entretenimiento informativo comenzaran a mostrar admiración por todas aquellas personas que son generosas, todos desearíamos ser dadivosos de la misma forma en que ahora cuando los medios muestran verdadera reverencia por los ricos y famosos, todos nosotros también ambicionamos ser una celebridad.

Este tipo de mentalidad garantizará que nuestra sociedad sea justa y compasiva hacia todas las personas, y al mismo tiempo logrará que todos contribuyan *voluntariamente* con esta sociedad. Además, muchas de las agencias reguladoras y restrictivas de la actualidad, como la policía, el ejército, los reguladores financieros, se volverán obsoletos o requerirán tan sólo de una fracción de los recursos humanos y financieros que demandan en la actualidad. En consecuencia, esos recursos pueden invertirse en mejorar nuestra vida diaria, en lugar de procurarnos cierta seguridad, sin gran éxito.

En una atmósfera tan estimulante y socialmente proactiva, el **Objetivo 3**, "Utilizar nuestro trabajo socialmente proactivo para la superación personal", será una consecuencia lógica. La sociedad exhortará, se empeñará, y *hará esfuerzos* para garantizar que cada uno de nosotros realice su potencial al máximo, porque si ese potencial se utiliza para el bien de la comunidad, todos se verán beneficiados. Además, liberados de la necesidad de protegernos de un ambiente hostil, un cúmulo de nuevas energías propiciará nuestra realización. El resultado será la erradicación de la depresión y todas las enfermedades relacionadas e incrementará dramáticamente la satisfacción de vivir.

Luego de pocos meses de vivir con una mentalidad orientada socialmente, nos sorprenderemos al pensar que en algún momento pudimos considerar siquiera que el egocentrismo era una buena idea. El éxito y la felicidad evidente de una sociedad así desencadenarán una gran motivación por promoverla y fortalecerla, creando de este modo un movimiento perpetuo en favor de la sociedad y al mismo tiempo en favor de cada uno de sus miembros sin descuidar a uno solo de ellos.

En nuestra realidad globalizada, sólo una forma de gobierno que juzgue que la felicidad y el bienestar de *toda* la gente en el mundo son *igualmente importantes,* demostrará que es sustentable y próspera.

El camino hacia la justicia social

En todo el mundo, las naciones y las personas están tomando conciencia, exigiendo a sus gobiernos que los escuchen, que reconozcan su dolor y resuelvan sus problemas. El clamor no es sólo por alimentos o el precio de las viviendas. En el fondo existe una firme exigencia de *justicia social*.

Sin embargo, la justicia social es un objetivo muy incierto. Con tantos sectores de la sociedad afectados por la inflación, el desempleo y la falta de educación, la justicia para una persona muy bien puede significar la injusticia para otra. En la estructura actual de la sociedad, cualquier solución que se alcance, sólo perpetuará, incluso exacerbará la injusticia actual, causando una decepción generalizada, que puede provocar más violencia o incluso la guerra.

Por lo tanto, la solución a la exigencia de justicia social debe involucrar a todas las partes de la sociedad, sin excluir a ninguna. La "Primavera de las Naciones" del 2011 demostró que el mundo ha cambiado de manera fundamental. La humanidad se ha convertido en una sola entidad global y como tal requiere que reconozcamos que cada parte de ella es igual de valiosa por derecho propio, ya sea que hablemos de naciones o individuos. Las naciones ya no toleran la ocupación y los individuos ya no toleran la opresión.

Si comparamos la humanidad con el cuerpo humano que contiene numerosos órganos con funciones diferentes, ningún órgano resulta superfluo. Cada órgano contribuye como debe al organismo y recibe lo que necesita.

Del mismo modo, la estrategia para resolver el malestar mundial debe contemplar a *todas* las partes de la sociedad. Las palabras clave para todas las negociaciones que reúnan a funcionarios de gobierno y manifestantes deben ser "deliberación seria". Las negociaciones deben basarse en la premisa de que las exigencias de todas las partes tienen peso y deben tratarse respetuosamente. Sin embargo, debido a que un gran número de partes tienen demandas legítimas, todas ellas deben tomar en cuenta también las demandas de las demás partes.

En esas deliberaciones, no hay "buenos" ni "malos". Habrá gente con necesidades genuinas y legítimas, compartiendo sus problemas unos con otros, tratando de alcanzar una solución aceptable y *digna* para todos.

Pensemos en una familia grande y cariñosa. Cada uno en la familia tiene sus necesidades: el abuelo necesita sus píldoras, papá necesita un traje para su nuevo trabajo, mamá necesita sus lecciones de yoga y el hermano Pepe ha sido aceptado en una universidad muy cara. Por lo tanto, la familia se reúne para una asamblea familiar, como en un día de fiesta.

Los integrantes hablan de sus ingresos, discuten sobre sus prioridades, comparten sus necesidades, riñen un poco y ríen mucho. Y al final, saben qué es necesario, qué no lo es, quién recibirá lo que necesita ahora, y quién lo recibirá más tarde. Pero debido a que son una familia, conectada por el amor, los que tienen que esperar acceden a ello porque después de todo son una familia.

En muchos sentidos, la globalización y la creciente interdependencia han convertido a la humanidad en una gigantesca familia. Ahora sólo necesitamos aprender cómo funcionar como tal. Si reflexionamos, estar dentro de una gran familia siempre es más seguro que estar solo, a condición de que ésta funcione como una familia cariñosa.

También, debemos tener en cuenta que en casi todos los países, los gobiernos están luchando con déficits y deudas crecientes. No hay suficientes recursos para invertir, pero ciertamente hay suficientes recursos para que todos gocen de una vida digna, si tan sólo *reconocemos* las necesidades de los demás. Por consiguiente, el "modelo de gran familia" es el mejor concepto para asegurar que finalmente se alcance la justicia social.

Precisamente como dentro de una familia, la idea no es destruir el sistema, sino ajustarlo para satisfacer las necesidades de la gente, más que satisfacer los deseos de varios grupos de presión.

El Rey Arturo tenía una mesa redonda en la que se congregaba con sus caballeros. Como su nombre lo dice, la mesa no tenía cabecera, dando a entender que todos los integrantes que tomaban asiento tenían el mismo rango. De modo semejante, gobiernos y ciudadanos necesitan comprender que no hay manera de resolver los problemas sociales sin sentarse juntos en una mesa redonda (metafórica y no físicamente hablando).

Debemos tener presente que todos somos responsables los unos de los otros y que somos interdependientes, como una familia. Los problemas que parecen acecharnos a la vuelta de cada esquina no son las causas, sino los *síntomas* de nuestro problema real: la falta de solidaridad y responsabilidad mutua. Por consiguiente, es extremadamente importante que los resolvamos invocando el "espíritu de la mesa redonda".

Si resolvemos estos problemas de uno en uno construiremos gradualmente una sociedad gobernada por la garantía mutua. En efecto, la mentalidad de la garantía es la verdadera razón por la que se nos presentan estos problemas. Una vez que alcancemos la garantía mutua, los problemas se irán como el viento.

Hacia el compromiso mutuo

Porqué la responsabilidad compartida al enfrentarnos
a los desafíos del mundo es la clave para resolverlos en
un mundo interdependiente

A pesar de décadas de planeamiento, inimaginables
esfuerzos y grandes recursos por parte de la ONU para
erradicar la desigualdad, la explotación y la falta de
condiciones básicas para sustentar la vida, estos problemas
aún plantean grandes desafíos en muchos países. En todo el
mundo, unos 1.400 millones de personas viven con menos
de $2 por día o menos, mientras que en Australia solamente
$5.200 millones en alimentos se desperdician por año.

Jonathan Bloom, autor de *La tierra americana de los
desperdicios: Cómo Estados Unidos tira cerca de la mitad de
su comida*, escribe que, "Los norteamericanos desechan más
del 40% de los alimentos que se producen para el consumo.
El costo total de la comida que se desperdicia llega a la
cantidad de $100.000 millones". Lo peor es que la brecha
entre los que tienen y los que no tienen continúa creciendo.

Durante décadas, los esfuerzos de las naciones en vías
de desarrollo para solicitar ayuda en alimentos, salud y
desarrollo a los países más prósperos han dado resultados
sumamente escasos. Hasta el día de hoy no existe otra
opción. Después de todo, el nombre del juego era "El
ganador se lleva todo".

La brecha no sólo existe entre los países, sino también
dentro de ellos. La sensación de privación causa tensión

tanto a nivel nacional como internacional, y evidentemente, dada la crisis global, la situación puede intensificarse drásticamente.

Pero ahora el juego ha cambiado. El reciente surgimiento de la Primavera de las Naciones nos está dando una lección que debemos observar cuidadosamente. El mundo está conectado, y lo que se va, regresa. La globalización nos ha hecho interdependientes, y ninguna nación puede explotar a las otras sencillamente porque es más fuerte, o porque paga un precio. Como podemos ver, los países que ayer parecían inexpugnables hoy se están desmoronando. Siguen siendo solventes sólo por la indulgencia de las naciones que, unos años atrás, fueron tratadas como inferiores.

En la realidad globalizada de hoy en día, o *todos* ganamos o *todos* perdemos, porque somos interdependientes. Cuando un número suficiente de personas en el mundo abra los ojos a la realidad de la globalización y la responsabilidad compartida, se iniciará un gran cambio. Los países y las personas ya no se explotarán unos a otros; los grandes consorcios ya no explotarán a millones de trabajadores mal pagados alrededor del mundo; ya no se permitirá que los niños mueran de hambre y enfermedades que pueden tratarse con antibióticos comunes; y ya no se abusará de las mujeres simplemente por ser mujeres. De hecho, en un mundo en el que las personas se den cuenta de que su propio bienestar depende del bienestar de los demás, cuidarán de todos aquellos que a su vez les brindarán cuidados más adelante.

Cuando ese cambio dé inicio, términos como "primer mundo" y "tercer mundo" dejarán de existir. Sólo habrá un mundo y las personas que viven en él.

La realización del cambio

Para que se realice lo dicho anteriormente, son de suma importancia dos temas: 1) los primeros auxilios; y 2) la educación.

Por "primeros auxilios" nos referimos a lanzar una campaña mundial que explique porqué, en una realidad globalizada, el suministro insuficiente de comida y la falta de agua potable segura son imperdonables y deben solucionarse sin demora. Es fácil demostrar que el costo de tales inversiones se paga solo, y con intereses, en pocos años. Países como la India, Vietnam e Indonesia son excelentes ejemplos, a pesar de los obstáculos aún existentes.

Educación significa informar a la gente de la nueva era de globalización, dependencia mutua y responsabilidad compartida, de las que todos formamos parte. La reciente crisis financiera global, y la serie de revueltas alrededor del mundo son evidencia suficiente de que nos afectamos unos a los otros en todos los niveles de la vida - económico, social, e incluso emocional (ver la referencia de Thomas Friedman a la "*Globalización del enojo*"[88]).

En la **Primera Etapa** del proceso de educación, la gente se dará cuenta que es inconcebible que 1.000 millones de personas se mueran de hambre mientras otros 1.000 millones desecha casi la mitad de la comida que compra y lucha contra la obesidad. Una vez que estén abastecidas las necesidades básicas de la vida en todo el mundo, comenzará la Segunda Etapa.

La **Segunda Etapa** se centrará en reforzar la unidad y la solidaridad entre los individuos y las naciones, en congruencia con la realidad interconectada actual.

En la naturaleza, la unidad, reciprocidad y responsabilidad mutua son los prerrequisitos para la vida. Ningún organismo sobrevive si sus células no funcionan en armonía. Del mismo modo, ningún ecosistema prospera si se extirpa uno de sus elementos. Hasta fechas recientes, la humanidad era la única especie que no se apegaba a la ley de le dependencia mutua y la reciprocidad. Creíamos que la ley de la naturaleza era la supervivencia del más apto. Pero ahora nos darnos cuenta de que también nosotros estamos sujetos a la interdependencia y debemos actuar de acuerdo a ese precepto si queremos sobrevivir.

La Campaña

Para integrar los mensajes de la responsabilidad mutua e interdependencia, sugerimos lo siguiente: declarar el próximo año, que la ONU ha nombrado "El Año de las Cooperativas", el punto de partida del cambio de la mentalidad global hacia la urgente necesidad del compromiso mutuo para mantener una sociedad y una economía sustentable.

Los pasos del cambio

1. Debemos convocar a un foro internacional de científicos (de ciencias exactas y también de ciencias sociales y humanistas), artistas, pensadores, economistas, hombres de negocios y celebridades bajo los auspicios de la ONU para anunciar el comienzo del Año de las Cooperativas. En esta conferencia, se pedirá a los participantes a esforzarse lo más posible para erradicar el hambre y la marginación. Sus países les invitarán a diseñar una campaña mundial para propagar la consciencia de la globalización, la responsabilidad compartida y la interdependencia.

2. Al finalizar el foro, los equipos de la ONU trabajarán con cada país para crear campañas mediáticas, programas escolares, símbolos viales y otros medios de publicidad para promover los conceptos mencionados anteriormente. El objetivo de la campaña será lograr que la idea de explotar a los demás sea detestable, y la idea de compartir y brindar cuidado, se convierta finalmente, en una segunda naturaleza en todos nosotros.

3. Los equipos de la ONU se reunirán regularmente en el centro de operaciones para informar y sincronizar sus movimientos, promoviendo de este modo el progreso global hacia la noción de la responsabilidad mutua. Las reuniones de los equipos serán transmitidas en vivo para demostrar transparencia y reforzar su credibilidad. Lo más importante será la oportunidad de demostrar lo productivos que podemos ser cuando trabajamos juntos.

4. Los países, las corporaciones, e incluso los individuos que sobresalgan en demostrar solidaridad y responsabilidad compartida serán premiados y reconocidos, como las estrellas de cine y cantantes populares en la actualidad. Éste será un poderoso incentivo para alentar a quienes sobresalen a continuar distinguiéndose, y que aquellos que no lo hacen, se les unan.

5. A partir de numerosos experimentos sobre los efectos del comportamiento a favor de la sociedad, (como Una exitosa historia de psicología educativa: La teoría de la interdependencia social y el aprendizaje cooperativo"[89] de David W. Johnson y Roger T. Johnson), sabemos que las aflicciones típicamente occidentales como la depresión y las drogas

desaparecerán cuando se posicione la campaña. Esto, a su vez, liberará una enorme cantidad de recursos financieros y humanos para atender otras necesidades de la humanidad. Las hostilidades internacionales también disminuirán en buena medida, aunque sólo sea por falta de apoyo moral y financiero de los adversarios. En un mundo interdependiente, simplemente es insensato combatir, y eso les quedará muy claro a todos.

Nosotros, en el Centro de Investigaciones ARI tenemos años de experiencia en colaboraciones internacionales, en el sistema de redes y circulación de ideas. Tenemos un sistema en línea de transmisiones gratuitas traducidas simultáneamente a ocho idiomas, y podemos producir materiales de texto y video casi en el momento de la noticia.

Ya estamos colaborando con la UNESCO en el tema de la educación global, y ofrecemos todos nuestros servicios e instalaciones gratuitamente a la ONU con la esperanza de expandir nuestra fructífera asociación.

Hoy en día, la naturaleza exige que nos unamos. Con el tiempo, ese requerimiento se intensificará hasta que todos hayamos consentido. Al mismo tiempo, esa demanda es la clave de nuestro éxito en la construcción de una realidad sustentable para nosotros y para nuestros hijos. A la luz de todo eso, debemos unirnos, trabajar juntos, y *saldremos adelante*.

Los beneficios de la nueva economía

Una economía equilibrada no sólo es una obligación en la realidad global e integral, sino que también nos beneficia a todos

Puntos clave

- Una economía basada en los principios de la garantía mutua es congruente con las leyes del sistema global-integral, en consecuencia será estable y la más eficiente para satisfacer nuestras necesidades razonables de sustento. También nos permitirá dedicar tiempo para alcanzar nuestro potencial personal y social.

- Una economía bajo el amparo de la garantía mutua tiene muchas ventajas sociales y económicas, tales como un nivel de vida aceptable para todos, reducción del costo de la vida, transparencia, un mayor "pastel económico" y una dramática reducción de las brechas y desigualdades económicas.

- La transición de la actual economía competitiva y egocéntrica hacia una equilibrada y operativa provocará el surgimiento de muchos excedentes de dinero, activos y recursos que pueden utilizarse en beneficio público.

- La transición hacia una economía basada en la garantía mutua será gradual, pero a partir de su concepción se creará un cambio dinámico y positivo - un nuevo espíritu, un sentido de cohesión y confianza personal.

Una escalada de la crisis en Europa y Estados Unidos

La crisis económica global se está agravando rápidamente. Estados Unidos sufrió el primer descalabro de su capacidad crediticia, y la Eurozona amenaza con colapsar completamente, o bien, enfrentar la insolvencia de la deuda pública, lo que conmocionaría los mercados financieros en todo el mundo. Al mismo tiempo, los principales economistas están realizando comentarios premonitorios, como el de Nouriel Roubini: "Existe un buena probabilidad... que en los próximos 12 meses, se presente otra recesión de las economías más avanzadas"[90], o el de Joseph E. Stiglitz, "En cierto modo, no sólo hay una crisis en nuestra economía, debería haber una crisis en la economía."[91]

La interdependencia económica entre los países les imposibilita aislarse y resolver sus problemas individualmente. Un ejemplo de esto es el intento de la Eurozona para salvar la inestable economía griega. El Primer Ministro de Finanza polaco, Jacek Rostowski, hablando ante el Parlamento Europeo, previno que "Europa está en peligro, y el colapso de la Eurozona conducirá a una reacción en cadena para desintegrar la Unión Europea (UE) y finalmente al regreso de la guerra en Europa".[92] Asimismo, la Canciller alemana Angela Merkel declaró que: "Los líderes de la región europea deben levantar un muro protector alrededor de Grecia para evitar una cascada de ataques de mercado en otros estados europeos.[93]

Naturalmente, los inversionistas están preocupados por el futuro de la economía del mundo. Durante un fin de semana de conversaciones entre dirigentes políticos, inversionistas y banqueros en Washington, PIMCO, el mayor inversionista del mundo en bonos, predijo, "Las economías se estancarán durante el próximo año al tiempo que Europa se desliza hacia una recesión".[94]

Con respecto al mismo suceso, el ex Secretario de Estado de Estados Unidos, Lawrence Summers, dijo que ha asistido durante 20 años a las asambleas del Fondo Monetario Internacional (FMI) y "No ha habido una reunión anterior en la que los temas hayan sido tan graves, y en la que yo no haya estado más preocupado por el futuro de la economía global".

El desempleo en Europa y Estados Unidos es elevado y sigue en alza. Por ejemplo, el índice de desempleo en España subió bruscamente en la Eurozona a un nuevo máximo del 21.3% en el primer trimestre del año, con un récord de 4.9 millones de personas sin trabajo.[95] En los Estados Unidos, el índice de desempleo es 8.6, con 13.3 millones de personas sin trabajo.[96]

La economía necesita una reestructuración

El fracaso para resolver la crisis global que comenzó en el 2008 desconcierta a los economistas más prominentes y expone las limitaciones de los paradigmas económicos actuales. La política monetaria expansiva pretende revertir el deterioro y recuperar la economía mundial, pero parece que sucedió lo contrario. Parece que las "herramientas" económicas en manos de los dirigentes trataron sólo los síntomas de la crisis más que la crisis misma.

La reducción de las tasas de interés, la expansión de los presupuestos -destinadas a reforzar la industria y el comercio- los recortes impositivos, las reformas financieras, la interferencia de los bancos centrales en los mercados de bonos y divisas, todo ha fracasado para revigorizar la economía estancada.

Para resolver la crisis, primero debemos diagnosticar la raíz del problema y adoptar una solución que la corrija. Tratar solamente los síntomas no resuelve la crisis misma, como lo indica su reciente reaparición.

En el fondo, la economía es una expresión de cómo nos relacionamos unos con otros. En la economía actual, nuestro objetivo principal es maximizar nuestros beneficios en un ambiente competitivo que perpetúa en nosotros la sensación de carencia. Esto da como resultado un juego de suma cero, en el que nuestra ganancia se origina a expensas de otro.

La solución de la crisis económica requiere que primero cambiemos nuestras relaciones basadas en la garantía mutua. Dicho cambio será posible sólo a través de la creación de un entorno de apoyo, incluyendo los sistemas de información que nos eduquen acerca de este cambio. Estos incluyen la utilización de los medios de comunicación, así como también sistemas educativos para adultos y jóvenes. El marco de trabajo educativo apoyará valores como solidaridad, colaboración, empatía, interés en los demás y garantía mutua. Las ciencias sociales proporcionan amplias pruebas de cómo el entorno influye en la gente.[97] Por lo tanto, debemos construir una sociedad que nos enseñe a pensar de modo diferente y adoptar valores en favor de la sociedad.

Hoy en día, la sociedad nos recompensa con dinero, poder y gloria. Tales recompensas crean competencia e inducen a la agresividad mientras cada uno de nosotros trata de explotar o manipular a los demás a nivel personal, empresarial, nacional o internacional. Si se cambiaran las recompensas y en cambio, se alentara la garantía mutua, el cambio sería fácil de hacer y tendría un amplio apoyo público. Este es el poder del entorno para influir sobre nuestro comportamiento.

Vayamos por parte: apagar el incendio

Antes que nada, debemos apagar los incendios y ocuparnos de los asuntos más apremiantes a los que nos enfrentamos. Para hacerlo, debemos reunirnos, deliberar en el formato de una mesa redonda, y discutir -precisamente como una familia- cómo podemos ayudar a aquéllos entre nosotros cuya necesidad es desesperada, viviendo debajo de la línea de pobreza. Sin una solución para esos problemas sobre los que todos podemos estar de acuerdo, no podemos realizar progreso alguno.

El acuerdo es una condición previa para la formación de la garantía mutua entre nosotros. Estar de acuerdo en que la garantía mutua permitirá a los más afortunados hacer las concesiones necesarias para ayudar a los demás y crear las enmiendas económicas que enfrentarán exhaustivamente a los desafíos de la pobreza.

Algunos de los financiamientos para reparar el desequilibrio provendrán de los presupuestos estatales, reflejando el cambio en las prioridades socioeconómicas. Sin embargo, la mayor parte del dinero provendrá de nuevas fuentes creadas por la transición del consumo excesivo a un consumo razonable. Esa transición reflejará el cambio de una economía individualista y competitiva hacia una cooperativa y armoniosa, que esté en concordancia con las nuevas leyes del mundo global e integral.

Al mismo tiempo debemos adquirir habilidades básicas para la vida cotidiana e iniciar la educación del consumidor que nos capacite para perseguir un modelo de vida, independiente y equilibrado en el nuevo mundo. La combinación de las soluciones económicas y financieras con la educación apropiada al consumidor actuará como un "RCP" (rehabilitación cardiopulmonar) para los individuos de bajos ingresos en la sociedad. Esto también forjará la base común necesaria para adoptar la garantía mutua como un tratado social y económico, ligándonos a todos, en concordancia con las leyes del mundo global-integral.

Hacia una nueva economía, bajo el paraguas de la garantía mutua

Es fácil describir el sistema socioeconómico mejorado al final del proceso de transformación, hacia el que la crisis nos está conduciendo. Lo inadecuado de los sistemas económicos actuales en la red global y la creciente interdependencia personal y política son las verdaderas razones para la escalada de la crisis global. Cuando los dirigentes y los principales economistas comprendan que estos son los temas centrales, la solución se hará obvia, aunque aún necesitaremos cambiar nuestras relaciones por las de la garantía mutua. Una vez que se logre, podemos movernos hacia una nueva economía que refleje este cambio de ideas y valores en el mundo.

Bajo el paraguas de la garantía mutua, tanto la economía como la sociedad humana estarán en armonía con la red social de conexiones. En lugar de "navegar en contra del viento" desperdiciando energía y recursos tratando de mantener un método económico fracasado, se formará una nueva economía, equilibrada y estable, apoyándose en una sólida cohesión social en todos los niveles, una cooperación internacional expansiva, un consumo equilibrado, y mercados financieros estables. Existirá una gran diferencia entre los mercados financieros actuales, que producen burbujas destructivas cada 5-7 años.

Beneficios de la economía de garantía mutua

Existen muchos beneficios en una economía basada en la garantía mutua. Al intentar aferrarse al fracasado modelo económico existente y aliviar los problemas inmediatos posteriores a la crisis financiera, estamos haciendo más difícil apreciar el vasto potencial de la economía de garantía mutua. Si nos imaginamos que ya estamos en un estado de garantía mutua, seremos capaces de percibir sus muchas ventajas:

1. **Un nivel de vida justo y aceptable para todos:** Una política económica basada en la consideración mutua nos ayudará a asignar los fondos públicos necesarios para elevar a las clases bajas por encima de la línea de pobreza. Al mismo tiempo, los seminarios, el entrenamiento en las habilidades de la vida y la ciencia del consumidor ayudará a la gente a desarrollar su independencia financiera. Vivir por encima de nuestros medios y el consumo excesivo se han convertido en una responsabilidad global que requiere corrección.[98],[99]

2. **Bajar el costo de vida:** Cuando el afán de lucro ya no sea la base de nuestras relaciones económicas, cuando cada uno de nosotros esté satisfecho con

un beneficio razonable y no aspira a maximizar el beneficio a expensas de los demás, los precios de los productos y servicios caerán casi al costo de producción.

Hoy en día, los precios de muchos bienes y servicios son demasiado altos debido a que cada eslabón en la cadena comercial se esfuerza por alcanzar el máximo beneficio. Exaltar el valor de la garantía mutua en las redes de comunicación y en el debate público hará que las empresas agreguen el beneficio público a sus ecuaciones. Esto hará que la vida sea más accesible para todos nosotros.

Ya están surgiendo los primeros signos de un movimiento de disminución de costos. El malestar social está causando realmente que los fabricantes bajen los precios de productos y servicios. Por ahora, son descuentos variables, ocasionales, menores y pasajeros, pero la tendencia es clara. Cuando hagamos la transición hacia un modelo de consumo relativamente más equilibrado, descenderán tanto la demanda como los precios.

También, al disminuir el costo de vida disminuirá la desigualdad y las brechas sociales, una de las ventajas principales de la economía de garantía mutua.

3. **Disminución de las brechas sociales:** Uno de los males principales de la actual economía global es el constante incremento de la desigualdad. Este es el primer factor que inicia el malestar mundial que exige justicia social. Cuando nos tratemos unos a otros como una familia, no toleraremos la desigualdad de oportunidades o medios entre nosotros o en cualquier parte del mundo. En lugar del malestar o el miedo a la revolución y la violencia, la economía

de garantía mutua producirá un amplio acuerdo a medida que disminuyan las brechas económicas, y se incremente la estabilidad del sistema.

Disminuir la desigualdad significa, entre otras cosas, concesiones sociales y económicas de parte de los que perciben ingresos más elevados. La educación y la influencia del entorno, y un mecanismo de comunicación efectivo -como la mesa redonda- asegurarán que todas las decisiones se alcancen con transparencia y ecuanimidad, y reflejen el consenso social y económico; imperativo para la garantía mutua.

A cambio de esas concesiones para el bien común, los que las hagan serán recompensados con el reconocimiento público por sus contribuciones. Además, los que reciban asistencia y recursos serán capaces de disfrutar una vida mejor y más digna. Ellos, también valorarán el nuevo método.

4. **Una reforma genuina y cuidadosa del presupuesto:** Lo único que puede crear un sentido de justicia social y garantía mutua para cada individuo de la sociedad es la creencia de que todos estamos en el mismo barco, y que debemos trabajar juntos. Esto requerirá un método más equitativo del establecimiento de prioridades en el presupuesto nacional, alcanzado a través de un vasto consenso, no por medio de los altercados entre los intrigantes y grupos de presión.

Una economía administrada con transparencia permitirá que cada uno entienda cómo se toman las decisiones, e incluso ayudará a la gente a influir en ellas. Cuando percibamos un sentido de colaboración y participación, ya no experimentaremos las emociones negativas como la frustración que existe actualmente hacia la clase política. Esta reducción de la negatividad permitirá a la gente estar de acuerdo y apoyar las decisiones de los dirigentes, incluso cuando alguna de sus decisiones no sean populares. La satisfacción de actuar como una familia que toma decisiones en una mesa redonda nos alentará a hacer concesiones recíprocas.

5. Incremento del "pastel" financiero: Si cada ciudadano, negocio y oficina de gobierno se siente parte de la familia global, aparecerán muchos sobrantes de dinero, bienes y servicios, presupuestos estatales y municipales, e incluso en nuestros presupuestos personales. Consideremos cuántas cosas tenemos en casa que nunca utilizamos. Podemos tomar nuestros excedentes en comida y prendas de vestir, dárselos a los pobres, y aplicar los sobrantes financieros para cubrir una parte significativa de las necesidades actuales de los demás. Esto no requerirá siquiera un aumento en el déficit del presupuesto o imponer métodos de austeridad o impuestos.

Sin embargo, no estamos sugiriendo la caridad como una solución, aunque la caridad es una gran expresión de una sólida vida en comunidad y asistencia mutua. Más bien, estamos hablando de eficacia. Por ejemplo, de acuerdo a un reporte de la CNN, el 30 % de toda la comida producida en el mundo cada año se desperdicia o se pierde. Esto es aproximadamente 1.300 millones de toneladas, según un reporte de la Organización de Alimentos y Agricultura de la ONU[100]

¿Por qué los países en los que el hambre es un problema real no pueden recibir ese excedente? La respuesta en una palabra es, "intereses". La distribución de la comida excedente significa aumentar el suministro, lo que conduciría a precios más bajos. Esto, a su vez, reduciría los beneficios de los productores de alimentos y expendedores. En una economía basada en la garantía mutua, dicha situación sería imposible. ¿Cómo podemos tirar nutrimentos cuando miembros de nuestra familia están muriendo de hambre?

Este es sólo un ejemplo. Para más ejemplos de los beneficios de la economía de garantía mutua, ver el capítulo, Excedentes y la mejora del bienestar público, en Los beneficios de la nueva economía.

6. **Mejora de las relaciones empleador-empleado y empresa-gobierno:** Investigaciones en psicología del comportamiento indican que la gente rica busca respeto, no dinero.[101] Sin embargo, en la actualidad se valora a las compañías y los directores ejecutivos en base a sus beneficios y ganancias. Un mayor beneficio significa una clasificación más alta en las empresas de evaluación o aparición en la lista de los "directores ejecutivos más exitosos del año".

    Posiblemente el mejor ejemplo de esta estrecha y egocéntrica doctrina de maximizar los beneficios, es el mercado de trabajo estadounidense. La razón por la que el mercado de trabajo norteamericano no agrega más puestos de trabajo, incluso cuando crece la economía, es que las empresas prefieren aumentar las horas extras de los trabajadores, o convertir a sus trabajadores de tiempo parcial a trabajadores de tiempo completo, en lugar de contratar nuevo personal.

    Hoy en día, se considera que estas apreciaciones son lógicas. Pero en una economía operada por la garantía mutua, los valores serán tales que más personas podrán compartir la prosperidad de la economía, en lugar de que tan sólo unas cuantas participen de las ganancias. Se reformarán las relaciones de las compañías con el gobierno y las autoridades impositivas, de manera que los impuestos sean más justos y se reduzcan las evasiones fiscales.

7. **Estabilidad y soluciones a largo plazo:** La nueva economía estará basada en los valores de la garantía mutua, y será necesariamente coherente con la actual interdependencia. Dicho método económico, en armonía y equilibrio con la red global integral, será más estable y perdurable que todos los métodos económicos y sociales existentes. Coincidirá con su medio ambiente y reflejará un amplio consenso entre sus elementos: individuos, compañías y estados. Una economía equilibrada que sea adecuada para el hombre y la naturaleza le permitirá a cada persona vivir dignamente, sentirá que el sistema es personalmente "amistoso" y recibirá sustento suficiente, junto con la oportunidad de contribuir recíprocamente al sistema.

8. **Certidumbre:** La transición hacia una nueva economía será gradual. Al principio, habrá dinámicas de cambio y esperanza, un nuevo espíritu en la sociedad, un sentido de cohesión y seguridad personal. El temor actual de ser explotado dará paso a concesiones y gestos de generosidad en varias áreas, como viviendas a precios más accesibles, contratos de empleo que no exploten a los trabajadores, una burocracia más simple que sirva realmente al interés público, bancos honestos, y proveedores de servicio que proporcionen realmente el servicio deseado a un precio justo. En resumen, la gente sentirá confianza en sus interrelaciones, un sentimiento tan necesario en estos tiempos de incertidumbre que el dinero no puede comprar realmente.

9. **Felicidad verdadera:** La nueva economía creará en nosotros un sentimiento de plenitud que no puede ser medido con el dinero. Como se describe en Los beneficios de la nueva economía, en el capítulo Los estudios cuestionan la noción de que el dinero es sinónimo de felicidad, más allá de un cierto nivel de ingresos, una mayor cantidad de dinero no mejora nuestra sensación de plenitud. En cambio, la gente experimenta satisfacción gracias a las relaciones agradables, a una sensación de confianza y a la realización personal. Los beneficios de la nueva economía no son transitorios, sino que son sólidos y estables debido a que están en armonía con las leyes de garantía mutua. Éstas hacen posible que el proceso de toma de decisiones esté basado en un amplio consenso.

10. **Un proceso de toma de decisiones aplicable:** Dado que la nueva economía será conducida con transparencia, cada uno verá cómo se toman las decisiones y estará capacitado para influir en ellas. Este es el único modo de establecer un proceso de toma de decisiones práctico que haga que la gente sienta que las decisiones son justas e imparciales, que se alcanzan luego de una profunda consideración de las necesidades de cada uno. Esto también mejorará la estabilidad del sistema socioeconómico.

11. **Estabilidad económica y financiera:** Los mercados de dinero han dejado de ser un punto de encuentro de empresas e inversionistas para convertirse en un agresivo campo de batalla de jugadores globales, con suficiente poder para afectar y sacudir el mercado global cuando van en pos de "dinero extra", sin preocuparse por la solidez del sistema. Una economía de garantía mutua evitará que los

mercados financieros caigan repetidamente en burbujas financieras que estallan y conducen al desastre de la economía real.

12. **Consumo equilibrado:** El consumo excesivo se convirtió desde hace mucho tiempo en un elemento clave en nuestras vidas y en la economía mundial. En la economía de garantía mutua, esto dará lugar gradualmente a un consumo equilibrado. De hecho, el proceso ya ha comenzado, gracias a la crisis actual y a la transición gradual de una economía competitiva, derrochadora y desigual, a una equilibrada y funcional cuyo objetivo es atender las necesidades básicas de cada uno. La publicidad y otras formas de presión social para convencernos que compremos productos y servicios redundantes desaparecerá, como sucederá con muchas marcas y productos superfluos. En lugar de eso, las reemplazará el deseo de contribuir a la sociedad y participar en la vida comunitaria para el bien común, siendo motivo de alegría y orgullo.

También, debido a la disminución de la demanda, se reducirán los precios y una vida razonable y digna será accesible para todos. Las compañías producirán sólo lo que es realmente necesario para que la vida sea cómoda y equilibrada.

13. **Equilibrio y armonía globales:** La transición de un consumo excesivo hacia uno sensato y objetivo revelará que la Tierra contiene suficientes recursos para mantenernos a todos durante muchos años. Se detendrá la explotación de los recursos naturales y presenciaremos el magnífico rejuvenecimiento de las posibilidades de la Tierra.

La estabilidad de la economía de garantía mutua está basada en una sólida cohesión social y en la preocupación mutua. Dicha estabilidad requiere que tomemos consciencia que en la era de globalización e interdependencia, es indispensable que ajustemos nuestras conexiones y nuestros sistemas sociales y económicos a un modelo armónico y único. De este modo, las necesidades de toda la humanidad quedarán satisfechas, lo cual hará posible que todos puedan dedicarse a perseguir la realización del gran potencial que llevan adentro.

La Garantía Mutua –
Agenda Educativa

La educación es un problema reconocido y un tema doloroso en todo el mundo. Niños apáticos, evaluaciones, violencia y conducta desordenada, son los indicadores que el sistema de educación en muchos países se ha vuelto inoperante.

Algunos de los problemas se originan en la estructura del sistema educativo y en su imposibilidad de adaptación a los cambios. Sin embargo, queda claro que se necesita una transformación, particularmente debido a lo poco que se han actualizado las escuelas desde su origen en los días de la Revolución Industrial hace unos 200 años. Aulas abarrotadas, niños detrás de los pupitres, obligados a permanecer inmóviles durante prolongados períodos de tiempo, recreos insuficientes, y una enorme cantidad de información inútil por memorizar son aún la norma. En los días en que las escuelas se establecieron por primera vez, había una necesidad genuina de educar a las masas de trabajadores para adaptarse a las líneas de montaje.

De modo que la estructura actual de las escuelas refleja una perspectiva muy estrecha del concepto de educación. La *Enciclopedia Británica*, sin embargo, define educación de la siguiente manera: "La educación puede ser considerada como la transmisión de los valores y el conocimiento acumulado de una sociedad. En este sentido, esto es equivalente a lo que los científicos sociales llaman socialización o enculturación. Los niños -concebidos en las tribus de Nueva Guinea, o en el Renacimiento Florentino, o la clase media de Manhattan- nacen sin cultura. La educación está diseñada para guiarlos en el aprendizaje de una cultura, moldear su comportamiento al modo de los adultos, y dirigirlos hacia su rol probable en la sociedad".[102]

Sin embargo, las escuelas de hoy en día simplemente tienen como meta dotar a los estudiantes con herramientas a través de las cuales continúen su instrucción en universidades y colegios superiores. Las escuelas *no* educan en el completo sentido de la palabra.

La educación, como acabamos de describir, no es meramente el acto de proporcionar conocimiento. Es el proceso de diseñar la personalidad y comportamiento de cada uno de nosotros. En efecto, la esencia de la educación es enseñar al estudiante cómo enfrentar y triunfar en la vida. Una escuela que sólo enseña cómo memorizar información es irrelevante en la realidad actual.

A la luz de todo lo anterior, tenemos que darnos cuenta que necesitamos hacer un cambio fundamental en el modelo educativo. Debemos examinar los desafíos que el mundo moderno nos presenta y ver si la educación que proporcionamos en la actualidad concuerda con ellos lo suficiente.

En la realidad presente, nuestro mundo se ha convertido en una aldea global, social, política y económica. Desde el momento en que nos vimos vinculados los unos a los otros, perdimos la capacidad de continuar dirigiendo nuestras vidas por medio de valores narcisistas y de indiferencia por los demás. Estos valores pueden haber sido útiles en el mundo antiguo, individualista y egocéntrico, pero desde el momento en que la humanidad se convirtió en un sistema global integral, las reglas se han vuelto idénticas a las que se aplican a todos los sistemas integrales en la naturaleza.

El cuerpo humano es un ejemplo de dicho sistema integral. Dentro de nuestros cuerpos, la cooperación y la armonía (conocida como homeostasis) entre todas las células y órganos le permite al cuerpo mantener una salud satisfactoria. La armonía entre las células se traduce en un cuerpo saludable dentro de esta asombrosa maquinaria, y la salud del cuerpo contribuye, a su vez, a la salud de cada célula individual.

La forma en que operan las células en nuestro organismo, es una expresión de la ley de garantía mutua y reciprocidad, que se aplica a todas las conexiones multilaterales en la naturaleza. En verdad, la sostenibilidad del sistema depende de las relaciones recíprocas entre los elementos que lo sostienen.

Por lo tanto, mientras continuemos relacionándonos entre nosotros de modo egoísta, en contraste con el mundo que se ha convertido en integral, estaremos actuando en disonancia con las leyes de la naturaleza. Al actuar de este modo seremos como células que a pesar de que forman parte de un organismo, sin embargo consumen sólo para sí mismas. En el caso del cuerpo humano, el resultado de tales células es un tumor canceroso. En el caso de la humanidad, el resultado es una crisis multifacética global de múltiples estratos.

Para resolver la crisis, debemos ajustar nuestra red de conexiones y hacerla realmente global. Cada persona debe reconocer la naturaleza del mundo en el que vive, y comprender que en el Siglo XXI, nuestra vida personal depende de nuestra actitud hacia los demás. Por consiguiente, debemos educar a la gente para que se sensibilice respecto a los demás, que se vuelvan atentos y responsable en su enfoque hacia el mundo.

Por lo tanto en el Siglo XXI el mundo necesita más que una solución económica o política a sus problemas. Ante todo necesita una solución educativa.

Numerosos estudios y libros ya han determinado que el elemento más importante en la formación de la personalidad de una persona joven es el ambiente que lo rodea.[103] Por consiguiente, "educar" realmente a un niño significa ubicarlo en el medio ambiente correcto, que incida en resultados positivos y valores correctos. Para educar una generación que erradique la crisis que el mundo está experimentando actualmente, debemos crear un entorno social diferente para nuestros hijos.

Desde el principio, los niños necesitan crecer con la comprensión de que el egoísmo, o sea, disfrutar a expensas de los demás, es la causa principal del sufrimiento en el mundo adulto. Al mismo tiempo, debemos mostrarle a los niños -utilizando varios instrumentos de enseñanza- que las relaciones basadas en la consideración mutua, la tolerancia y la comprensión facilitan la armonía y la persistencia de la vida.

Diez claves principales para la educación global

1. **El entorno social construye a la persona:** El entorno social es el elemento principal que influye en los niños. Por consiguiente, debemos crear entre ellos una "sociedad en miniatura" en la que cada uno cuide

de los demás. Un niño que crece en un entorno así, no sólo crecerá y podrá expresar su potencial creativo, sino que también abordará la vida con un sentido de propósito y con un deseo de construir una sociedad similar en el entorno "extra-escolar".

2. **Ejemplo personal:** Los niños aprenden de los ejemplos que les proporcionan, tanto personalmente -educadores y padres- como a través de los medios de comunicación y otros contenidos públicos a los que están expuestos.

3. **Igualdad:** Durante el proceso de aprendizaje, no debe haber un maestro, sino un educador. A pesar de que el educador sea mayor, los niños deben percibirlo como "uno de ellos", un igual. De este modo, el educador puede gradualmente "acercar" a los niños a cada aspecto del estudio informativo, así como también del moral y social. De esta manera, por ejemplo, durante la clase, los niños y educadores se sentarán en un círculo y hablarán tratándose unos a otros como iguales.

4. **Enseñar por medio de juegos:** A través de los juegos, los niños crecen, aprenden y profundizan su comprensión de cómo todo está conectado. Un juego es un medio a través del cual los niños conocen el mundo. De hecho, los niños no aprenden las palabras al escucharlas. Más bien las aprenden al experimentarlas. Por lo tanto, es necesario utilizar juegos como método principal en el trabajo con los niños. Los juegos deben estar preparados de tal manera que los niños comprueben que solos no pueden lograrlo, sino únicamente con la ayuda de los demás; que para tener éxito deben hacer concesiones a los demás, y que un buen entorno social sólo puede hacerles bien.

5. **Excursiones semanales:** Cada semana debe haber un día en el que el niño salga de la escuela para visitar algún lugar del país o algún otro sitio, dependiendo de la edad del niño. Pueden ir a parques, zoológicos, fábricas, granjas, estudios de cine o teatro y asimismo enseñarle cómo funcionan los sistemas que afectan nuestras vidas, tales como el cumplimiento de la ley, la oficina de correos, hospitales, oficinas de gobierno, hogares de ancianos y cualquier lugar en el que el niño pueda aprender sobre los procesos que son parte de nuestras vidas. Antes, durante y después de la excursión, habrá discusiones diversas relativas a la visita, si la experiencia fue congruente con las expectativas, las conclusiones, etc.

6. **Los mayores enseñan a los menores:** Los grupos de mayor edad "adoptarán" a los grupos más jóvenes, al tiempo que los grupos más jóvenes enseñarán a los que son aún menores. De este modo, cada uno se siente parte del proceso de enseñanza y adquiere las herramientas necesarias para la comunicación con los demás.

7. **"Una pequeña corte":** Como parte del proceso de aprendizaje, los niños deben actuar situaciones que encuentran en sus vidas diarias: envidia, luchas de poder, engaños, etc. Luego de actuarlas, deben tratar de examinarlas cuidadosamente. Por medio de tales experiencias, el niño aprende a comprender y a ser sensible hacia los demás. Comprenderán que las otras personas también pueden tener razón, incluso si no puede aceptar sus puntos de vista por el momento. Comprobarán que mañana pueden encontrarse en una situación similar, que cada persona y cada punto de vista tiene su lugar en el mundo, y que cada uno debe ser tratado con tolerancia.

8. **Grabación de las actividades:** Se recomienda que todas las actividades se graben para verlas y analizarlas posteriormente junto con los niños. De este modo, ellos estudiarán cómo reaccionaron o se comportaron en ciertas situaciones. Estarán capacitados para analizar los cambios por los que están atravesando y desarrollar la capacidad de introspección.

9. **Pequeños grupos con varios educadores:** Es muy recomendable que cada grupo de 10 estudiantes tenga un equipo de dos educadores y un profesional de apoyo (un psicólogo).

10. **Apoyo de los padres:** Los padres deben apoyar el proceso educativo que se desarrolla en la escuela. Deben hablar con los niños acerca de la importancia de los valores inculcados en la escuela, establecer un ejemplo personal de estos valores en su comportamiento y evitar inculcar otros valores. Para facilitar esta tarea, también habrá cursos para padres.

Colaboración con la UNESCO

El método de educación global ha sido aceptado calurosamente por la Directora General de la UNESCO, la Sra. Irina Bokova. En estos momentos se está trabajando en un libro conjunto de la UNESCO-ARI sobre la educación mundial. Se han llevado a cabo una serie de conferencias y encuentros internacionales y hay otros planeados para el futuro.

Acerca del Instituto ARI

Declaración de intenciones

El *Advanced Research of Integration (ARI) Institute* (Instituto de Investigación Avanzada de la Integración) es una organización 501 (c)(3) sin fines de lucro dedicada a promover cambios positivos en las políticas y prácticas de educación por medio de ideas y soluciones innovadoras. Éstas pueden aplicarse a los problemas educativos más urgentes de nuestro tiempo. El Instituto ARI introduce una nueva manera de pensar explicando los beneficios de reconocer e implementar las nuevas reglas que la humanidad necesita para subsistir en un mundo interdependiente e integrado.

Por medio de sus redes, actividades y recursos multimedia, el Instituto ARI promueve la cooperación internacional e interdisciplinaria.

Qué hacemos

Alentamos el diálogo activo sobre la crisis global como una oportunidad para facilitar un cambio positivo en el pensamiento global acerca de la educación de las generaciones futuras, permitiéndoles así enfrentar los grandes cambios climáticos, económicos y las relaciones geopolíticas. Nuestro material es gratuito y está disponible para todos, sin importar edad, género, religión, consideraciones políticas o culturales.

Los materiales revelan el sistema global integral de las leyes naturales que se manifiestan en la sociedad actual. Estamos comprometidos en compartir nuestros conocimientos a nivel internacional a través de nuestros canales multimedia establecidos. Además, estamos comprometidos con reforzar la conciencia de la gente acerca de la necesidad de fundamentar nuestras relaciones dentro de un espíritu de responsabilidad mutua y participación personal.

Nuestros valores

Todos nosotros estamos viviendo tiempos difíciles, enfrentados a crisis personales, ambientales y sociales. Estas crisis están ocurriendo debido a que la humanidad ha sido incapaz de percibir la interconexión e interdependencia entre nosotros y entre la especie humana y la naturaleza. Mediante el suministro de información al público a través de un rico ambiente mediático, actuamos como catalizador para el cambio del comportamiento humano hacia un modelo más sostenible. Abogamos por una solución a la crisis mundial y la promovemos a través de nuestro contenido educativo único, presentado mediante nuestros canales de comunicación en todo el mundo.

Mediante una exhaustiva investigación y actividades públicas, el Instituto ARI ofrece una comprensión clara y coherente del desarrollo natural de los acontecimientos y la degradación social que ha conducido a la situación actual en nuestro mundo global e integrado. Además, estamos expandiendo nuestro entorno de redes para llegar a los niños. Ellos se beneficiarán a través de la participación en un proceso educativo que los alienta a volverse tolerantes y responsables: seres humanos que viven como ciudadanos globales.

En este entorno basado en Internet, los niños colaborarán en actividades que ocurren simultáneamente en diferentes partes del mundo. Dichas actividades los ayudarán a reconocer que están todos conectados dentro de una aldea global unida, y les mostrará cómo pueden ayudar a mejorar la humanidad por medio de la participación en estos programas. Creemos que el contacto con este entorno puede cambiar profundamente a una generación completa de niños, volviéndolos ciudadanos responsables del mundo, y marcando un punto de inflexión en las actuales conductas destructivas de la humanidad.

Nuestro punto de vista sobre la educación

La nueva generación está enfrentando un mundo completamente nuevo lleno de desafíos sin precedentes. Si enfocamos nuestra atención en las necesidades de nuestros niños, podemos ayudarlos significativamente a enfrentar problemas tales como el abuso de drogas, la violencia, el creciente índice de deserción escolar, temas que creemos que no están siendo tratados por la mayoría de los sistemas educativos actuales.

Nuestro punto de vista sobre la economía

La crisis no es ni financiera, ni económica ni ecológica. Más bien es una crisis global que abarca toda nuestra civilización y todas las áreas de la vida. Por lo tanto, debemos examinar la raíz y tratar la causa común - nuestra naturaleza egocéntrica.

Creemos que un cambio superficial en la sociedad no producirá una solución duradera. Primero, debemos cambiar las conexiones entre nosotros, moviéndonos del egocentrismo al altruismo. Este es el principio en el cual funcionan los sistemas integrales y hoy estamos descubriendo que la sociedad humana es precisamente un sistema así.

Nuestras actividades:

Producciones de TV y Video

ARI Films (www.arifilms.tv) es el departamento de grabación y televisión de ARI, una empresa muy exitosa de producción dinámica, especializada en contenidos para Internet, estaciones de televisión por cable y satelitales. ARI Films produce programas documentales y educacionales, docudramas y series de entrevistas, así como también producciones hechas por encargo. El equipo de ARI Films está integrado por profesionales experimentados en una gran variedad de campos incluyendo editores de video, animadores, camarógrafos, guionistas, productores y directores.

Foros internacionales

ARI organiza foros internacionales regularmente en todo el mundo a los que concurren grandes audiencias ansiosas por participar en estas conferencias y seminarios. Estos foros se transmiten en vivo por Internet y por redes de televisión por cable y satélite.

Los ciudadanos del futuro: nuestro centro y red de educación

Ciudadanos del Futuro es una asociación educativa sin fines de lucro establecida bajo los auspicios de ARI. Su propósito es proporcionar a los niños, jóvenes y padres un ambiente de aprendizaje en línea que promueva los valores del amor y el preocupación por los demás, tan vital en esta era global. Creemos que los niños que adquieran y se adhieran a estos valores estarán bien ubicados para alcanzar una vida de felicidad, alegría y realización personal. Para alcanzar estos objetivos, la Asociación de los Ciudadanos del Futuro funciona en varios niveles, como se detalla a continuación.

Red de Centros Educativos para los Niños

Los centros educativos de Ciudadanos del Futuro son instalaciones en donde se desarrolla e implementa diariamente el método para "construir seres humanos". Allí se promueve un ambiente cordial, de apoyo en favor de los niños, que se basa en la amistad y el cuidado mutuos. Las actividades incluyen:

- Actividades y juegos que promueven los vínculos entre los niños;
- Debates acerca de la naturaleza en general y de la naturaleza humana en particular;
- Lecciones complementarias sobre temas escolares diversos;
- Desarrollo de las habilidades sociales para la comunicación interpersonal y grupal;
- Excursiones a museos, parques, reservas naturales, tribunales, y muchos otros lugares e instalaciones que ayudan a presentarle al niño los sistemas que afectan nuestras vidas;

- Documentación de actividades y preparación de guías de aprendizaje estructuradas para los instructores y para que este método innovador se propague por todo el mundo.

YFU Movimiento juvenil para la unidad

El movimiento juvenil, YFU (*Youth For Unity* (*Juventud para la unidad*)) se formó específicamente para crear un ambiente cordial de apoyo a los jóvenes de 12 a 18 años que aspiren a promover los valores del cuidado mutuo y el amor a los demás. Este marco social es una extensión directa del centro complementario de educación, Ciudadanos del Futuro. Las actividades de YFU incluyen:

- Estudios de la naturaleza en general y de la naturaleza humana en particular;
- Preparación profesional;
- Escuela de cine;
- Convenciones, viajes y otras actividades que estimulen la unidad;
- Clases y capacitación a los jóvenes, para capacitar a la próxima generación a vivir en un mundo interconectado;
- Preparación y guía para la vida como adultos en el mundo actual;
- Desarrollo de planes de lecciones sobre amor a los demás, la naturaleza humana y la naturaleza como un todo;
- Producción y distribución de programas infantiles y programas de educación;
- Desarrollo de juegos educacionales;
- Organización de convenciones para niños, padres y educadores.

Acerca del Dr. Michael Laitman, Fundador del Instituto ARI

El Dr. Laitman es el fundador del Instituto ARI. Es Profesor de Ontología y Teoría del Conocimiento, Doctor en Filosofía, y Maestría en Medicina Cibernética. En la actualidad, el Instituto ARI tiene filiales en América del Norte, en Centro y Sudamérica, así como también en Asia, África y Europa Occidental y Oriental.

El Dr. Laitman está dedicado a la creación y promoción de cambios positivos en las políticas y prácticas de educación, y en su aplicación en los problemas educativos más apremiantes de nuestro tiempo. Él propone un nuevo enfoque para que la educación implemente las reglas de vida en un mundo interdependiente e integrado.

Una guía para vivir en un mundo globalizado

El Dr. Laitman proporciona lineamientos específicos sobre cómo vivir en la nueva aldea global, nuestro mundo cada vez más interconectado tecnológicamente. Su innovadora perspectiva abarca todas las áreas de la vida humana: social, económica y medioambiental, con un énfasis particular en la educación. Él esboza un nuevo sistema de educación global basado en valores universales. Esto crearía una sociedad coherente en nuestra incipiente y estrechamente interconectada realidad.

En sus reuniones con la Sra. Irina Bokova, Directora General de la UNESCO, y con la Dra. Asha-Rose Migiro, Secretaria General Adjunta de la ONU, discutió los problemas de la educación mundial en la actualidad y su visión para su solución. Este tema crucial se encuentra ahora en un trascendente proceso de transformación. El Dr. Laitman acentúa la urgencia de aprovechar las nuevas herramientas de comunicación disponibles, teniendo en cuenta las aspiraciones particulares de la juventud actual y prepararlos para la vida en un mundo sumamente dinámico y global.

En los últimos años el Dr. Laitman trabajó estrechamente con muchas instituciones internacionales y ha participado en varios eventos en Tokyo, con la Goi Peace Foundation, en Arosa (Suiza), y Düsseldorf (Alemania) y con el Foro Internacional de las Culturas en Monterrey (México). Estos eventos fueron organizados con el apoyo de la UNESCO. En estos foros globales, contribuyó en debates vitales con respecto a la crisis mundial, y describió los pasos requeridos para crear un cambio positivo a través de una mayor conciencia global.

El Dr. Laitman ha sido presentado en medios de comunicación internacionales, incluyendo Corriere della Sera, el Chicago Tribune, el Miami Herald, The Jerusalem Post, The Globe y en la RAI TV y Bloomberg TV.

Ha dedicado su vida a estudiar la naturaleza humana y la sociedad, en busca de respuestas al significado de la vida en nuestro mundo moderno. La combinación de su trayectoria académica y su extenso conocimiento hacen de él un pensador y conferencista muy solicitado. El Dr. Laitman ha escrito más de 40 libros que han sido traducidos a 18 idiomas, todos con el propósito de ayudar a los individuos a alcanzar la armonía entre ellos y con el ambiente que los rodea.

El enfoque científico del Dr. Laitman le permite a las personas de todas las nacionalidades, creencias y orígenes elevarse por encima de sus diferencias y unirse alrededor del mensaje global de la responsabilidad y colaboración mutua.

Lecturas recomendadas

La psicología de la sociedad integral

La psicología de la sociedad integral presenta un enfoque revolucionario a la educación. En un mundo interconectado e interdependiente, enseñar a un niño a competir con sus pares es tan "sabio" como enseñarle a nuestra mano izquierda a superar a la mano derecha. Una sociedad integral es aquella en la que todas las partes contribuyen al bienestar y éxito de la sociedad. La sociedad, a su vez, es responsable del bienestar y del éxito de los que están dentro de ella, formando así una interdependencia. En un mundo globalizado e integrado, este es la única forma de vida sensata y perdurable.

En este libro, una serie de diálogos entre los profesores Michael Laitman y Anatoly Ulianov, arrojan una luz sobre los principios de un enfoque revelador en la educación. La ausencia de competencia, la crianza de los niños a través del entorno social, igualdad entre pares, premiar a los que otorgan, y una dinámica integración de grupo e instructores son sólo algunos de los nuevos conceptos presentados en este libro. La psicología de la sociedad integral es una lectura obligatoria para todos los que deseen convertirse en mejores padres, mejores maestros y mejores personas en la realidad integrada del Siglo XXI.

Lo que se expresa en La Psicología de la Sociedad Integral debe lograr que la gente piense en otras posibilidades. Al resolver cualquier problema difícil, deben explorarse todas las perspectivas. Hemos pasado

tanto tiempo compitiendo y tratando de sacar ventaja
que el concepto de simplemente trabajar juntos suena
innovador por sí mismo».

--Peter Croatto, ForeWord Magazine

Los beneficios de la nueva economía: resolviendo la crisis económica global por medio de la garantía mutua

¿Alguna vez se preguntó por qué, a pesar de todos los esfuerzos de los mejores economistas del mundo, la crisis se niega a disminuir? La respuesta a esta pregunta está en nosotros, todos nosotros. La economía es un reflejo de nuestras relaciones. A través del desarrollo natural, el mundo se ha convertido en una aldea global integrada en la que todos nosotros somos interdependientes.

Interdependencia y "globalización" significa que lo que sucede en una parte del mundo afecta a todas las demás. Como resultado, una solución a la crisis global debe incluir a todo el mundo, ya que si sólo una parte se recupera, las otras aún enfermas, la contagiarán nuevamente.

Los beneficios de la nueva economía, ha sido escrito a raíz de la preocupación de nuestro futuro común. Su propósito es ayudarnos a comprender mejor la actual confusión económica - sus causas, cómo puede resolverse, cómo anticipar sus resultados. El camino hacia una nueva economía no consiste en recaudar nuevos impuestos, imprimir dinero, o cualquier remedio del pasado. La solución radica en una sociedad en la que todos se apoyen unos a otros con garantía mutua. Esto crea un entorno social de atención y consideración, y la comprensión de que nos elevaremos o caeremos todos juntos, porque todos somos interdependientes.

Este libro contiene trece ensayos "independientes" escritos en al año 2011 por varios economistas y de diferentes disciplinas. Cada ensayo está dirigido a una cuestión específica, y pueden leerse como unidades separadas. Sin embargo, un tema los conecta: la ausencia de garantía mutua como la causa de nuestros problemas en el mundo global-integral.

Usted puede leer estos ensayos en el orden de su elección. Nosotros, los autores, creemos que si lee al menos varios ensayos, recibirá un punto de vista más inclusivo de la transformación requerida para resolver la crisis global y crear una economía sostenible y próspera.

Notas

1   Un Discurso en el Foro de Finanzas Internacional 2011 por Christine Lagarde, Gerente General, Fondo Monetario Internacional, Beijing, 9 de Noviembre, 2011 (http://www.imf.org/external/np/speeches/2011/110911.htm)

2   Gordon Brown habla en el Banquete del Alcalde: http://www.labour.org.uk/lord_mayors_banquet

3   D'Vera Cohn, Jeffrey Passel, Wendy Wang y Gretchen Livingston, "Apenas la Mitad de los Adultos Estadounidenses están Casados - Un Bajo Récord", Pew Research Center (14 de diciembre, 2011), http://www.pewsocialtrends.org/2011/12/14/barely-half-of-u-s-adults-are-married-a-record-low/?src=prc-headline

4   "Una encuesta nacional muestra un incremento en el uso ilícito de drogas desde el 2008 hasta el 2010, SAMHSA News Release (9 de agosto, 2011), http://www.samhsa.gov/newsroom/advisories/1109075503.aspx

5   Albert R. Hunt, "Un País de Presidiarios," The New York Times (20 de noviembre, 2011) http://www.nytimes.com/2011/11/21/us/21iht-letter21.html?pagewanted=all

6   Nicholas D. Kristof, "Nuestra Escalera Mecánica Descompuesta", The New York Times (16 de julio, 2011), http://www.nytimes.com/2011/07/17/opinion/sunday/17kristof.html?_r=2

7   Richard Vedder y Matthew Denhart, "¿Por qué el colegio cuesta tanto?" CNN (2 de diciembre, 2011), http://edition.cnn.com/2011/12/02/opinion/vedder-college-costs/index.html

8   Asociación Nacional del Rifle - Instituto de Acción Legislativa, "Tarjeta Informativa de Armas de Fuego 2011," http://www.nraila.org/Issues/FactSheets/Read.aspx?ID=83

9   Carol Cratty, "La venta de armas está a niveles récord, de acuerdo a la indagación de antecedentes del FBI," CNN (28 de diciembre, 2011), http://edition.cnn.com/2011/12/27/us/record-gun-sales/index.html

10 Kate Kelland, "Aproximadamente el 40 Por Ciento de los Europeos Sufre una Enfermedad Mental", Reuters (4 de septiembre, 2011), http://www.reuters.com/article/2011/09/04/us-europe-mental-illness-idUSTRE7832JJ20110904

11 Toby Helm, "La mayoría de los británicos creen que sus hijos tendrán vidas peores que las de sus padres - encuesta", The Guardian (3 de diciembre, 2011), http://www.guardian.co.uk/society/2011/dec/03/britons-children-lives-parents-poll

12 Scott Hamilton, "Roubini: Una Desaceleración Adelanta una Nueva Crisis", Bloomberg (6 de septiembre, 2011). http://www.bloomberg.com/news/2011-09-

06/roubini-says-global-economic-slowdown-accelerating-next-financial-crisis.
html

13 Michael Babad, "George Soros: 'Estamos al borde de un colapso económico'",
The Globe and Mail (27 de junio, 2011), http://www.theglobeandmail.com/report-
on-business/top-business-stories/george-soros-we-are-on-the-verge-of-an-
economic-collapse/article2076789/

14 James Kirkup, "El mundo enfrenta la peor crisis financiera de la historia, dice el
Director del Banco de Inglaterra", The Telegraph (6 de octubre, 2011), http://www.
telegraph.co.uk/finance/financialcrisis/8812260/World-facing-worst-financial-
crisis-in-history-Bank-of-England-Governor-says.html

15 Ian Goldin, "Navegando nuestro futuro global", TED (Octubre 2009), http://
www.ted.com/talks/ian_goldin_navigating_our_global_future.html

16 Fareed Zakaria, "Saquen las Billeteras: El mundo necesita que los
norteamericanos gasten", Newsweek (1 de agosto, 2009), http://www.newsweek.
com/2009/07/31/get-out-the-wallets.html

17 "La deuda de los Estados Unidos Alcanza el 100 Por Ciento de PBI del País",
Fox News (4 de agosto, 2011), http://www.foxnews.com/politics/2011/08/04/us-
debt-reaches-100-percent-countrys-gdp/#ixzz1jIhe6Qly

18 "La Deuda Hasta el Último Centavo y Quién la Sostiene", Treasury Direct,
http://www.treasurydirect.gov/NP/NPGateway

19 Tim Jackson, "Toma de conciencia económica de Tim Jackson", TED (Octubre
2010), http://www.ted.com/talks/lang/en/tim_jackson_s_economic_reality_check.
html (min. 06:59)

20 Anthony Giddens, Runaway World: How Globalizationis Reshaping Our
Lives (Un Mundo Desbocado: Los Efectos de la Globalización en nuestras vidas),
(N.Y., Routledge, 2003), 6-7.

21 Javier Solana y Daniel Innerarity, "La Nueva Gramática del Poder", Project
Syndicate (Julio 1, 2011), http://www.project-syndicate.org/commentary/
solana10/Spanish)

22 Ludger Kühnhardt, "A Call for the United States to Rediscover Its Ideals", The
Globalist (May 24, 2011), http://www.theglobalist.com/storyid.aspx?StoryId=9149

23 Pascal Lamy, "Lamy subraya la necesidad de 'unidad en el marco de nuestra
diversidad'", World Trade Organization (WTO) (Junio 14, 2011), http://www.wto.
org/spanish/news_e/sppl_e/sppl194_e.htm

24 Gregory Rodriguez, "Rodriguez: Zero-sum games in an interconnected world",
Los Angeles Times (Agosto 1, 2011), http://articles.latimes.com/2011/aug/01/
opinion/la-oe-rodriguez-zerosum-20110801

25 L'Oeil de La Lettre, "'Think We, Not Me or I'–The Dalai Lama", La Lettre,
http://www.lalettredelaphotographie.com/entries/think-we-not-me-or-i-the-
dalai-lama

26 Alice Calaprice, The New Quotable Einstein (Querido Profesor Einstein)

(USA: Princeton University Press, 2005), 206

27 Información extraída del Observatorio Haystack del Instituto Tecnológico de Massachusetts, www.haystack.mit.edu/edu/pcr/.../3%20.../nuclear%20synthesis. pdf.

28 Werner Heisenberg, citado por Ruth Nanda Anshen en Biography of an Idea (Moyer Bell, 1987), 224

29 G. Tyler Miller, Scott Spoolman, Living in the Environment: Principles, Connections, and Solutions, 16aEdición (U.S.A., Brooks/Cole, Septiembre 24, 2008), 15

30 Jean M. Twenge and W. Keith Campbell, The Narcissism Epidemic: Living in the Age of Entitlement (New York: Free Press, A Division of Simon & Schuster, Inc. 2009), 78

31 Jean M. Twenge and W. Keith Campbell, The Narcissism Epidemic, 1

32 Jean M. Twenge and W. Keith Campbell, The Narcissism Epidemic, 1-2

33 Fiona Harvey, "World headed for irreversible climate change in five years, IEA warns", The Guardian (Noviembre 9, 2011), http://www.guardian.co.uk/environment/2011/nov/09/fossil-fuel-infrastructure-climate-change

34 e360 digest, "Extreme Weather Events Likely Linked to Warming, IPCC Says" (Noviembre 1, 2011), http://e360.yale.edu/digest/extreme_weather_events_likely_linked_to_warming_ipcc_says/3195/

35 "Fishing, Why It Matters, WWF, http://www.worldwildlife.org/what/globalmarkets/fishing/whyitmatters.html

36 Ian Sample, "Global food crisis looms as climate change and population growth strip fertile land", (The Guardian, Agosto 31, 2007), http://www.guardian.co.uk/environment/2007/aug/31/climatechange.food

37 "Water, Sanitation and Hygiene," UNICEF (December 21, 2011), http://www.unicef.org/wash/

38 Lester R. Brown, World on the Edge: How to Prevent Environmental and Economic Collapse, (USA, W. W. Norton & Company, Enero 6, 2011), 16

39 Matthew Lee, "Hillary Clinton Raises Alarm on Rising Food Prices", Associated Press (Mayo 6, 2011), publicado en cnsnews.com, http://cnsnews.com/news/article/hillary-clinton-raises-alarm-rising-food-prices

40 Ramy Inocencio, "World wastes 30% of all food", CNN (Mayo 13, 2011), http://business.blogs.cnn.com/2011/05/13/30-of-all-worlds-food-goes-to-waste/

41 "Ethics And The Global Financial Crisis", entrevista con Michel Camdessus, subida a YouTube porrome reports (Abril 1, 2009), http://www.youtube.com/watch?v=M3q8XFLDWIg

42 Steve Connor, "Warning: Oil supplies are running out fast", The Independent (Agosto 3, 2009), http://www.independent.co.uk/news/science/warning-oil-supplies-are-running-out-fast-1766585.html

43 Citado en: Laszlo Solymar, Donald Walsh, Lectures on the electrical properties of materials, "Introduction" (UK, Oxford University Press, 1993), xiii

44 Martin Luther King, Jr. "Facing the Challenge of a New Age", (Diciembre, 1956), http://www.libertynet.org/edcivic/king.html

45 Nicholas A. Christakis, James H. Fowler, Connected: The Surprising Power of Our Social Networks and How They Shape Our Lives -- How Your Friends' Friends' Friends Affect Everything You Feel, Think, and Do (USA, Little, Brown and Company, Enero 12, 2011), 305

46 Maria Konnikova, "Lessons from Sherlock Holmes: The Power of Public Opinion", Scientific American, "Blogs" (Septiembre 13, 2011), http://blogs.scientificamerican.com/guest-blog/2011/09/13/lessons-from-sherlock-holmes-the-power-of-public-opinion/

47 Kavita Abraham Dowsing, PhD, and James Deane, "The Power of Public Discourse",   http://wbi.worldbank.org/wbi/devoutreach/article/1298/power-public-discourse

48 Fuente: Saul Mcleod, "Asch Experiment", Simply Psychology, 2008, http://www.simplypsychology.org/asch-conformity.html

49 "Thanks for the Memories", un experimento en recuerdos falsos conducido por los Profesores Yadin Dudai y Micah Edelson del Departamento de Neurobiología del Instituto, junto con el Profesor Raymond Dolan y el Dr. Tali Sharot de la Escuela Universitaria de Londres (publicado el 29 de Agosto, 2011), http://wiswander.weizmann.ac.il/thanks-for-the-memories

50 Erich Fromm, The Art of Loving (El Arte de Amar), (U.S.A., Harper Perennial, September 5, 2000), 13

51 Eryn Brown, "Violent video games and changes in the brain", Los Angeles Times (November 30, 2011), http://www.latimes.com/health/boostershots/la-heb-violent-videogame-brain-20111130,0,6877853.story

52 Tras el ataque del 22 de Julio, 2011 a noruegos por un nativo de Noruega: "Report: Norwegian Retailer Pulls Violent Games In Wake Of Attack", DigiPen Institute of Technology (July 29, 2011), http://www.gamecareerguide.com/industry_news/36185/report_norwegian_retailer_pulls_.php

53 David Jenkins, "Mass Shooting In Germany Prompts Retailer To Drop Mature-Rated Games", Gamasutra (Marzo 20, 2009), http://www.gamasutra.com/news/production/?story=22839

54 Sistema de Salud de la Universidad de Michigan, "Television and Children," http://www.med.umich.edu/yourchild/topics/tv.htm

55 Martin Buber, filósofo y educador, A Nation and a World: Essays on current events, traducción del hebreo: Chaim Ratz (Israel, Zionistic Library Publications, 1964), 220

56 George Monbiot, "The British boarding school remains a bastion of cruelty", The Guardian (January 16, 2012), http://www.guardian.co.uk/commentisfree/2012/

jan/16/boarding-school-bastion-cruelty. Note: A pesar de que esta historia aborda los problemas de las escuelas en el Reino Unido, los datos que proporciona sobre las escuelas del Estado de Texas no son menos alarmantes.

57 Victoria Burnett, "A Job and No Mortgage for All in a Spanish Town", The New York Times (Mayo 25, 2009), http://www.nytimes.com/2009/05/26/world/europe/26spain.html?pagewanted=all

58 Andy Sernovitz, Word of Mouth Marketing: How Smart Companies Get People Talking, Revised Edition, (U.S.A. Kaplan Press, Febrero 3, 2009), 4

59 Clive Thompson, "Are Your Friends Making You Fat?", The New York Times (Septiembre 10, 2009), http://www.nytimes.com/2009/09/13/magazine/13contagion-t.html?_r=1&th&emc=th

60 (ibid.)

61 (ibid.)

62 (ibid.)

63 "Nicholas Christakis: The hidden influence of social networks" (una charla, cita tomada del minuto 17:11), TED 2010, http://www.ted.com/talks/nicholas_christakis_the_hidden_influence_of_social_networks.html

64 "ILO warns of major G20 labour market decline in 2012 and serious jobs shortfall by 2015", International Labor Organization (ILO) (Septiembre 26, 2011), http://www.ilo.org/global/about-the-ilo/press-and-media-centre/news/WCMS_163835/lang--en/index.htm

65 Daniel Woolls, "Spain's Unemployment Rate Hits New Eurozone Record Of 21.3 Percent", The Huffington Post (Abril 29, 2011), http://www.huffingtonpost.com/2011/04/29/span-unemployment-inflation-economy-debt_n_855341.html

66 "Employment Situation Summary", Bureau of Labor Statistics (Enero 6, 2012), www.bls.gov/news.release/empsit.nr0.htm

67 Félix Salmon, "The global youth unemployment crisis", Reuters (Diciembre 22, 2011), http://blogs.reuters.com/felix-salmon/2011/12/22/the-global-youth-unemployment-crisis/

68 Ulrich Beck, The Brave New World of Work (Un Nuevo MundoFeliz (Paidós, Barcelona)) (USA, Polity, 1 edición, Enero 15, 2000), 2

69 Thomas L. Friedman, "The Earth is Full". The New York Times (Junio 7, 2011), http://www.nytimes.com/2011/06/08/opinion/08friedman.html?scp=1&sq=the%20earth%20is%20full%20thomas%20friedman&st=cse

70 Adir Cohen, The gate of light: JanuszKorczak, the educator and writer who overcame the Holocaust (USA, Fairleigh Dickinson Univ Press, Diciembre 1, 1994), 31

71 David W. Johnson and Roger T. Johnson, "An Educational Psychology Success Story: Social Interdependence Theory and Cooperative Learning", Educational Researcher 38 (2009): 365, doi: 10.3102/0013189X09339057

72 Johnson and Johnson, "Educational Psychology Success Story", 368

73 Johnson and Johnson, "Educational Psychology Success Story", 371

74 (ibid.)

75 Para más información sobre educación, ver Apéndice 1: La Garantía Mutua - Agenda Educacional

76 Christine Lagarde, "The Path Forward - Act Now and Act Together", Fondo Monetario Internacional (FMI) (Septiembre 23, 2011), http://www.imf.org/external/np/speeches/2011/092311.htm

77 "Minority Rules: Scientists Discover Tipping Point for the Spread of Ideas", SCNARC (Julio 26, 2011), http://scnarc.rpi.edu/content/minority-rules-scientists-discover-tipping-point-spread-ideas

78 Appears in "The Oneness of Mind", según la traducción de Quantum Questions: Mystical Writings of the World's Great Physicists, editada por Ken Wilber (USA, Shambhala Publications, Inc., Ediciónrevisada, Abril 10, 2001), 87

79 Mohamed A. El-Erian, "The Anatomy of Global Economic Uncertainty", Project Syndicate (November 18, 2011), http://www.project-syndicate.org/commentary/elerian11/English

80 Albert Einstein, Alice Calaprice and Freeman Dyson, The Ultimate Quotable Einstein (USA, Princeton University Press, Octubre 11, 2010), 476

81 EfratPeretz, "We Must Prepare for a World of Equal Revenue Sharing", trans. Chaim Ratz, Globes (Otubre 18, 2011), http://www.globes.co.il/news/article.aspx?QUID=1057,U1319062129813&did=1000691044

82 Dr. Joseph E. Stiglitz, "Imagining an Economics that Works: Crisis, Contagion and the Need for a New Paradigm", The New Palgrave Dictionary of Economics Online (min 1:36), http://www.dictionaryofeconomics.com/resources/news_lindau_meeting

83 "Fischer on Fed's Toolbox", CNBC Video (August 25, 2011), http://video.cnbc.com/gallery/?video=3000041703#   eyJ2aWQiOiIzMDAwMD QxNzAzIiwiZW5jVmlkIjoiZ2FJT0RCZmJpdmhYQzZZZ NUxTNTZwdz09IiwidlRhYiI6ImluZm8iLCJ2UGFnZSI 6MSwiZ05hdiI6WyLCoExhdGVzdCBWaWRlbyJdLCJnU2VjdCI 6IkFMTCIsImdQYWdlIjoiMSIsInN5bSI6IiIsInNlYXJjaCI6IiJ9 (min 2:50)

84 Hal R. Arkesy Catherine Blumer, "The Psychology of Sunk Cost", *Organizational Behavior and Human Decision Processes* 35, 124-140 (1985), http://www.google.com/url?sa=t&rct=j&q=&esrc=s&source=web&cd=1&sqi=2&ved=0 CCUQFjAA&url=http%3A%2F%2Fcommonsenseatheism.com%2Fwp-content %2Fuploads%2F2011%2F09%2FArkes-Blumer-The-psychology-of-sunk-cost.pdf &ei=Uy4cT8v1KdDsOci89JkL&usg=AFQjCNFE8XVozdwg8RW_kdmY2Lfgv VMDZQ&sig2=2NzX5HvZjbct06MbtqPqXw

85 Richard McGill Murphy, "Why Doing Good Is Good for Business", *CNN Money* (Febrero 2, 2010), money.cnn.com/2010/02/01/news/companies/dov_

seidman_lrn.fortune/

86 CNN Wire Staff, "Tear gas flies during Chilean student protests", *CNN* (Agosto 9, 2011), http://edition.cnn.com/2011/WORLD/americas/08/09/chile.protests/index.html

87 J. David Goodman, "At Least 80 Dead in Norway Shooting", *The New York Times* (Julio 22,2011), http://www.nytimes.com/2011/07/23/world/europe/23oslo.html?pagewanted=all

88 Thomas L. Friedman, "A Theory of Everything (Sort Of)", *The New York Times* (Agosto 13, 2011), http://www.nytimes.com/2011/08/14/opinion/sunday/Friedman-a-theory-of-everyting-sort-of.html?_r=1

89 David W. Johnson and Roger T. Johnson, "An Educational Psychology Success Story: Social Interdependence Theory and Cooperative Learning", *Educational Researcher* 38 (2009): 365, doi: 10.3102/0013189X09339057

90 Nouriel Roubini, "ROUBINI: Ignore The Recent Economic Data - There's Still More Than A 50% Chance Of Recession", *Bussiness Insider* (Octubre 25, 2011), http://articles.businessinsider.com/2011-10-25/markets/30318837_1_double-dip-recession-eurozone-ecri

91 "Cortometrajes del Encuentro de los Laureados con el Premio Nobel de Economía en Lindau en 2011," *The New Palgrave Dictionary of Economics Online*, http://www.dictionaryofeconomics.com/resources/news_lindau_meeting (la frase mencionada más arriba está en el video de Stiglitz después de 10:05 minutos)

92 Amiel Ungar, "El Ministro de Finanzas Polaco Advierte de la Guerra si Estados Unidos Colapsa", *Arutz Sheva* (Septiembre 16, 2011), http://www.israelnationalnews.com/News/News.aspx/147945#.TrUbyPSArqE

93 Sebastian Boyd, "Chilean Peso Advances After Merkel Urges Firewall Around Greece", *Bloomberg* (September 26, 2011), http://www.businessweek.com/news/2011-09-26/chilean-peso-advances-after-merkel-urges-firewall-around-greece.html

94 Simon Kennedy, Rich Miller and Gabi Thesing, "Pimco sees Europe sliding into recession", *Financial Post* (Septiembre 26, 2011), http://business.financialpost.com/2011/09/26/pimco-sees-europe-sliding-into-recession/

95 Daniel Woolls, "Spain's Unemployment Rate Hits New Eurozone Record Of 21.3 Percent", *Huffington Post* (Abril 29, 2011), http://www.huffingtonpost.com/2011/04/29/span-unemployment-inflation-economy-debt_n_855341.html

96 Departamento de Trabajo de Estados Unidos, Oficina de Estadísticas Laborales, www.bls.gov/news.release/empsit.nr0.htm

97 Posiblemente los ejemplos más notables son los studios publicados en este libro, *Connected: The Surprising Power of Our Social Networks and How They Shape Our Lives - How Your Friends' Friends' Friends Affect Everything You Feel, Think, and Do*, por el Dr. Nicholas A. Christakis y el Prof. James Fowler:

• Christakis, N. A.; Fowler, JH (Mayo 22, 2008). "The Collective Dynamics of

Smoking in a Large Social Network" (PDF). New England Journal of Medicine 358 (21): 2249–2258.

- Christakis, N. A.; Fowler, JH (Julio 25, 2007). "The Spread of Obesity in a Large Social Network Over 32 Years" (PDF). New England Journal of Medicine 357 (4): 370–379

- Fowler, J. H.; Christakis, N. A (Enero 3, 2009). "Dynamic Spread of Happiness in a Large Social Network: Longitudinal Analysis Over 20 Years in the Framingham Heart Study" (PDF). British Medical Journal 337 (768): a2338. doi:10.1136/bmj.a2338. PMC 2600606. PMID 19056788.

- Christakis, N. A.; Fowler, JH (Julio 26, 2007). "The Spread of Obesity in a Large Social Network Over 32 Years" (PDF). New England Journal of Medicine 357 (4): 370–379

98 "Average credit card debt per household with credit card debt: $15,799." By: Ben Woolsey and Matt Schulz, "Credit card statistics, industry facts, debt statistics", CreditCards.com, http://www.creditcards.com/ credit-card-news/ credit-card-industry-facts-personal-debt-statistics-1276.php#Credit-card-debt

99 "The average British adult already owes £29,500, about 123 per cent of average earnings", By: Jeff Randall, "The debt trap time bomb", The Telegraph (Octubre 31, 2011), http://www.telegraph.co.uk/finance/comment/jeffrandall/8859082/The-debt-trap-time-bomb.html

100 Ramy Inocencio, "World wastes 30% of all food", CNN Business 360 (Mayo 13, 2011), http://business.blogs.cnn.com/2011/05/13/30-of-all-worlds-food-goes-to-waste/

101 Tay, L., &Diener, E., "Needs and subjective well-being around the world", Journal of Personality and Social Psychology (2011), 101(2), 354-365. doi:10.1037/a0023779

102 "Education", Encyclopædia Britannica, http://www.britannica.com/EBchecked/topic/179408/education

103 Probablemente el ejemplo más notable de la influencia del entorno social sobre nuestra psiquis, e incluso sobre nuestro bienestar es el libro Connected: The Surprising Power of Our Social Networks and How They Shape Our Lives - How Your Friends' Friends' Friends Affect Everything You Feel, Think, and Do, por Nicholas A. Christakis, MD, PhD, y James H. Fowler, PhD (Little, Brown and Co., 2010).

Contacto

Consultas e información general: info@ariresearch.org

Estados Unidos

2009 85th St., Suite 51

Brooklyn NY, USA - 11214

Tel. +1-917-6254343

Canadá

1057 Steeles Avenue West

Suite 532

Toronto, ON – M2R 3X1 Canadá

Tel. +1 416 274 7287

Israel

17 Hamagshimim St.,

PetachTikva, 49517 Israel

i.vinokur@ariresearch.org

Tel. +972-545606780